속뒷담화

속뒷담화

초판 1쇄 인쇄 | 2017. 11. 01.
초판 1쇄 발행 | 2017. 11. 10.
지은이 | 최수영
발행인 | 황인욱
발행처 | 도서출판 오래

주소 | 서울특별시 마포구 토정로 222, 406호
이메일 | orebook@naver.com
전화 | (02)797-8786~7, 070-4109-9966
팩스 | (02)797-9911
홈페이지 | www.orebook.com
출판신고번호 | 제302-2010-000029호

ISBN 979-11-5829-034-4 (03300)

속담, 인문의 세상과 만나다

속뒷
담화

최수영 지음

圖書出版 오래

속담(俗談)이란 무엇일까.

국어사전에 따르면 속담은 민중의 지혜가 응축되어 널리 구전 되는 민간 격언·세언(世諺)·속어(俗語)·속언(俗諺)이라고 풀이되어 있다. 최근 우리 사회는 언어 파괴가 일상화 되면서 고담준론(高談峻論)식의 이야기는 점점 사라지고 새로운 유형의 인터넷 언어, 신조어, 줄임말 등이 대거 나타나고 있다. 이런 단어들을 얼마나 알아듣느냐 여부가 '신세대' '아재' '꼰대'를 구분하는 기준이 되기도 한다.

대다수 사람들은 속담이라고 말하는 순간 오래된 것 혹은 한자를 잘 아는 세대들이나 사용하는 말, 최신 트렌디와는 거리가 있는 구식쯤으로 받아들이는 경향이 있다. 속담은 오래되기는 했지만 어렵거나 옛날에만 통용되던 말이 아니다.

속담을 예로 들어서 어떤 현상을 한 마디로 정리한다거나 또는 복잡한 이야기들이 오갈 때 그에 걸 맞는 속담을 인용하면 그 맥락이 바로 이해되는 경우들이 많다. 속담은 인류 문명의 역사와 함께 해 온 '지혜의 응축'이고 시간에 구애받지 않는 대중성이 담긴 '짧은 스토리텔링'이기 때문이다.

오스트리아 출생의 영국 철학자 루트비히 비트켄슈타인((Ludwig josef johann Wittgenstein)은 '문제를 해결하는 힘은 새로운 정보를 얻는데서 오는 것이 아니다. 오래전부터 알던 것을 체계적으로 정리하는데서 온다'고 했다. 속담은 인류 역사와 함께 해 온 삶의 지혜가 녹아있는 '지성의 총합'이며 오래전부터 알고 있던 것을 체계적으로 정리해 놓은 '경험칙의 산물'이다.

무엇보다 속담의 강점은 유행을 별로 타지 않는 점이다. 일본 출신의 저술가이자 유쾌한 지식여행자로 불리는 요네하라 마리(Yonehara Mari)는 자신이 저술한 역작인 〈속담 인류학〉에서 '역사도 지리적·기후적 조건도, 문화도 전혀 다른데 같은 문구가 같은 의미로 사용되고 있다는 건 바로 기적이 아니고 무엇이겠는가'라며 속담이 가진 보편성을 강조했다.

이 책은 기존의 속담에 인문학과 정치를 접목시켜 누구나 삼키기 좋은 당의정(糖依錠)으로 만들어본 속담의 재해석이다. 속담이 오래되거나 낡은 '어른들의 이야기'가 아니라 누구나 손쉽게 일상에서 사용할 수 있는 '비유 스토리'가 될 수 있다는 걸 알려주고 싶었다. 속담은 굳어있는 화석이 아니라 살아있는 언어이기 때문이다.

이 책에서는 누구나 쉽게 받아들일 수 있는 속담에다가 올해 국민의 관심이 집중됐던 제 19대 대통령선거 과정의 사례들을 많이 적용했다. 여기에다 우리 주변의 사회현상들을 인문학적으로 접근해 현재의 시각에서 풀어보는 시도도 함께 했다. 정치 사안을 속담으로 설명하려 한 것은 19대 대선이 사람들의 큰 관심사였기 때문에 쉽게 이해할 수 있다고 생각해 대선 과정에서 다양한 소재를 찾았다.

우리는 속담을 일상생활에서 어떤 일에 대한 사례를 들거나 빗대서 이야기할 때 자주 사용한다. 속담의 힘은 바로 그런 것이다. '원 샷(One shot) 원 킬(One kill)'이 가능한 '지성의 한방'이다. 아무쪼록 이 책이 속담의 이런 효능을 독자들로 하여금 제대로 느끼게 하고 나아가 속담이 우리의 일상 속에서 현대적 의미로 재탄생되기를 기대해 본다.

2017년 10월 가을의 절정에서
최수영

차 례

I 삶과 정치 _ 11

II 인생은 어디로 가는가 _ 185

III 살며 사랑하며 _ 247

I 삶과 정치

가을 날씨 좋은 것과
노인 기운 좋은 것은 믿을 수 없다

가을 날씨는 변화무쌍하므로 예측하기 어렵고
노인의 근력은 자주 바뀐다는 뜻이다.

언제나 상황은 변한다. 예측 불가능한 것이 우리의 삶이다. 정당
정치는 그 속성상 영원한 생명도, 영원한 죽음도 없다. 정치는 끊임
없이 죽고 끊임없이 부활하기를 요구한다. 보수정권 10년을 택했던
우리 국민들은 이번 19대 대선에서는 보수 청산을 선택했다. 그리고
진보정권을 화려하게 부활시켰다. 선거란 본디 과거에 대한 추궁과
미래에 대한 경계이다. 선거는 과거와 미래를 묶는 끈이기도 하지만
그 관계를 자르는 가위이기도 하다. '화무십일홍(花無十日紅)'은 꽃
에만 적용되는 것이 아니다. 날씨와 노인 기운 좋은 것을 믿을 수 없
듯이 국민들이 선택하는 정치지형 또한 변화무쌍하다. 유권자들의

변심이란 날씨와 건강과는 차원이 다르다. 여론은 시도 때도 없이 변하고 정치인의 인기는 낙엽보다 더 빨리 떨어진다.

미국 정치경제학자 앨버트 허시먼(Albert O. Hirschman)은 기업이나 조직, 국가의 퇴보에 반응하는 인간의 행동양상을 '이탈과 항의, 충성' 세 가지로 나누어 분석했다. 조직의 퇴행에도 불구하고 계속 충성심을 유지하거나 조직에 남아 항의하기도 하며 아니면 조직을 떠난다는 것이다. 19대 대선 이후 보수의 선택은 '이탈'처럼 보인다. 하지만 여기서 이탈은 '대안모색'이라기 보다는 의사표현(항의)의 한 형태다. '이탈은 손쉬운데 비해 항의는 비용이 들기 때문'이다. 선거에서 항의를 표시하기 위한 가장 쉬운 방법은 이탈의 모습을 취하는 것이다.(중앙일보 이훈범 논설위원)

17대 대선에서 당시 한나라당에게 큰 표 차이로 패한 열린우리당이나 19대 대선에서 참패한 자유한국당의 사례에서 보듯이 국민의 심판은 엄중하고도 무겁다. 가을 날씨가 어떻든 겨울은 올 것이다. 그 겨울을 이겨내야 봄이 온다. 춘래불사춘(春來不事春)이 되지 않으려면 겨울나기가 단단해야 한다. 국민들의 마음 얻기가 어디 그리 쉬운 줄 아는가. 유명한 미국 드라마 '왕좌의 게임'에서 인용한 한마디를 덧붙인다.

'겨울이 오고 있다(Winter is Coming)'

남의 흉은 홍두깨로 보이고
제 흉은 바늘로 보인다

남의 허물은 커 보이지만
내 잘못은 아주 작게 보인다는 뜻이다.

2017년 5월10일 문재인 정부가 출범한 후 최고의 유행어는 '내로
남불'이었다.

새 정부가 추천한 일부 국무위원 후보자들이 인사검증에서 부적격 논란을 일으키면서 '내가하면 로맨스 남이 하면 불륜'이란 말이 세상에 회자됐다. 여기에다 대통령 비서실장의 '빵 한 조각 닭 한 마리에 얽힌 사연들이 다 다르듯이'라는 말이 가세하면서 내로남불을 놓고 어느 정권은 달랐느냐는 '도긴개긴' 공방으로 치닫기도 했다. 그러나 인사에도 고저장단이 필요하고 친정체제 구축에도 강약이 있어야 한다.

비슷한 속담으로는 '그슬린 돼지가 달아맨 돼지 흉 본다'와 '가마솥이 노구솥더러 밑이 검다 한다'가 있고 '제 눈에 들보는 보지 못하고 남의 눈에 티끌을 탓한다'는 경구도 있다.

이런 유형의 속담은 전 세계적으로 나타난다.

눈곱이 코딱지 비웃는다. 쓰레기가 먼지를 비웃는다(러시아)/ 바늘이 찻잎 거르는 쇠 조리에 구멍이 있다며 비웃는다(방글라데시)/ 냄비가 솥을 욕한다(에스토니아)/ 큰 냄비가 작은 냄비를 꾸짖는다.

둘 모두 옆구리가 검기는 마찬가지인데(핀란드)/ 제 추한 꼴은 보지 않고 남이 추한 건 우스워 견디지 못한다(미얀마)

(요네하라 마리 · 〈속담 인류학〉)

이 속담에 담긴 보편성에는 두 가지 인간의 본성이 숨겨져 있다. '나는 괜찮지만 상대는 안 된다'와 '그때는 그때고 지금은 지금이다'인 것이다.

혹자는 내로남불을 풀 수 있는 열쇠를 처지를 바꿔 생각하는 역지사지(易地思之)와 타인보다 자신에게 엄격했던 선비정신의 회복에서 찾는다. 입에 쓰다고 맛조차 보지 않고, 쓴 소리라고 귀를 닫아서는 안 된다.

그 이유를 국민의 뜻이라고 한다면 더욱 걱정스럽다(동아일보 김갑식 논설위원)

예나 지금이나 남의 잘못은 쭉정이처럼 날리지만 자기 허물은 도박꾼의 눈속임처럼 쉬이 드러나지 않는 법이다. 하나 더. '스캔들'이란 말의 어원은 '걸리면 넘어질 수밖에 없는 덫'이라고 하니 고위공직자를 꿈꾸는 분들은 참고하시길.

무엇이든 '과유불급(過猶不及)'이다.

물 본 기러기가
어옹(漁翁)을 두려워할까

좋은 일이 생기거나 바라던 것을 얻었을 때
앞뒤를 생각하지 않는다는 뜻이다.

정치권에서 통용되는 '대통령은 꼭 지지도만큼 일 한다'는 말이 있다. 일반적으로 대통령이든 정당이든 지지율이 30% 밑으로 떨어지면 사실상 제 역할을 하기 어렵다는 것이 정치권과 학계의 정설이다.

2017년 5월 10일 취임한 문재인 대통령은 취임 한 달 시점에서 국정지지도가 82%에 이르는 등 역대 최고 수준을 기록하며 고공행진을 이어갔다. 문 대통령은 이 같은 높은 지지도를 바탕으로 일자리 창출, 비정규직 정규화, 세제개편, 탈 원전정책 공론화 등의 민감하고도 무거운 사안들을 임기 초반부터 밀어붙였다. 특히 장관급 인사청문회에서 일부 후보들에 대해 야당이 청문 보고서를 채택하지 않고 사퇴를 요구하자 국민여론이 높다는 이유를 들어 강행하기도 했다. 높은 국민 지지도(물)를 바탕으로 대통령과 여권(기러기)이 어옹(야당과 반대세력)을 무서워하지 않고 있는 형국이다. 그러나 언제까지 지지도가 고공행진을 하지는 않는다. 문재인 정부가 누리는 고공 인기의 상당 부분은 반사이익이다. 물 본 기러기의 날개 짓이 자꾸 반복되다보면 어옹에게 기러기가 잡힐 수도 있다.

그것은 인생에서도 마찬가지다. 간절히 바라던 것이 눈앞에 있을 때, 꼭 손에 쥐고 싶었던 것을 가지기 직전에는 주변의 상황이 보이지도 않고 두려움도 없다. 남녀 간의 사랑에서도 처음 만난 남녀의 사랑이나 인생 중반에 찾아온 운명 같은 사랑이나 그 사랑이 절실한 만큼 그것을 가로막는 장애물은 보이지 않고 주저하는 마음이 사라진다. 좋은 일이 올수록 앞뒤를 생각해야 한다. 절실할수록, 꼭 가지고 싶을수록, 무조건 직진하고 싶을 때일수록 주변을 둘러보고 조심해야 한다. 그래야 오래갈 수 있다.

위기는 오는 게 아니라 만들어지는 것이다.

반가운 손님은 만났을 때가 반갑고
미운 손님은 갈 때가 반갑다

좋아하는 사람은 오면 좋지만
싫어하는 사람은 사라져야 좋다는 뜻이다.

누구는 촛불혁명이라고 하고 또 누구는 광장 민주주의라고 했다. 어떤 사람은 새 정부가 '광화문 정권'이라고 했고 또 다른 사람은 탄핵된 정부가 '적폐정권'이라고 했다. 한국 정치에서 반가운 손님은 '출범한 정권'이고 미운 손님은 '떠나간 정권'이다.

2017년 겨울 광화문 광장을 뒤덮었던 촛불의 물결은 백만명의 목소리가 폭력 없는 민주주의 함성으로 나타난 기적 같은 사례로 평가받는다. 대한민국 정부 수립 이후 우리는 초고속으로 근대화 과정을 거쳤고 2000년대로 접어들면서 비로소 '공화(共和)'의 개념을

19

생각하게 됐다. 한국 민주주의의 전환점이었던 '6·29 선언'으로 갖게 된 직접 민주주의 정신에다 공화의 개념이 더해지면서 국민은 인생이 단순하게 '먹고 사는 일만'이 아님을 직시하게 된 것이다.

이른바 최순실 사태가 사상초유의 정권 탄핵으로 이어진 것은 국민들이 이토록 어렵게 가지게 된 정치적 자존감을 건드렸기 때문이다. 사람들은 어느 정도 부패를 참을 수는 있지만 수치심은 용인하지 않는다. 그것이 공화의 힘이고 인간의 존엄가치이기 때문이다. 최순실 국정농단 사태에서 국민들이 그토록 분노했던 것은 국가적 수치심 때문이라고 생각한다. 최순실 사태로 나타난 정의롭지 않은 것에 대한 국민의 분노는 역설적으로 우리 사회에 여전히 큰 희망이 있음을 말하고 있다.

중국의 역사가 사마천은 사기에서 '백성의 입을 막기란 물길을 막기보다 힘들다'고 갈파한 바 있다. 5년 단임 대통령제 하에서 떠나가는 정권은 여전이 '미운 손님'이 될 가능성이 높다. 그래서 권력구조 개편에 관한 개헌 논의가 끊임없이 나오는 것이다. 그래도, 그렇더라도 국민이 끝없이 감시하고 정치인들이 진정으로 노력한다면 떠나가는 정부도 '애썼던 손님' 정도로는 기억될 수 있을 것이다.

그렇게 되는 것이 촛불의 정신을 살리고 정치도 진일보 하는 길이다.

나무 옮겨 심으면 삼년은 뿌리 앓는다

나무도 이식을 하면 삼년 정도는
새로운 땅에 뿌리가 내릴 수 있도록 돌봐야 한다는 말이다.

　어떤 일이든 치르고 난 뒤에는 뒷수습이 필요하고 새로운 질서가
이루어지기 위해서는 어려움이 많다는 것을 비유적으로 이르는 말
이다. 19대 대선은 헌정 사상 초유의 현직 대통령 탄핵과 그로 인해
5년의 임기를 다 채우지 못하고 치러진 대선이지만 그 외에도 많은
의미를 남긴 선거였다. 보수정권은 9년 만에 막을 내렸고 진보진영
은 노무현 전 대통령의 '정치적 부활'이라고 환호했다.
　보수진영은 자유한국당과 바른정당으로 갈라져 내전을 벌이고
있고 국민의당도 대선 후유증을 앓고 있다. 새로 출범한 문재인 정
부는 '적폐청산'이란 슬로건으로 사회 각 분야를 개혁하기 위해 동

분서주하고 있다.

그러나 뭐든 순서가 있는 법이다. 의욕을 앞세워 서두른다고 성과가 나오는 것은 아니며 의도가 선하다고 결과까지 좋을 것이란 보장도 없다. 2017년 발간된 〈나는 반성한다-다시 쓰는 개혁보수〉라는 책을 통해 '보수의 반성문'을 쓴 정병국 의원은 한 인터뷰에서 "보수든 진보든 사회 변화를 따라가야 하는 것은 같다고 봐요. 어디에 비중을 더 두느냐의 차이죠. 과거 성장 위주 시대에 '환경'은 보수의 어젠다가 아니었어요. 그러나 더는 진보의 어젠다가 아닙니다. 시대가 바뀌었는데 진보 어젠다라며 멀리한 것이 보수가 욕을 먹는 이유입니다"라며 반성 않는 보수는 10년 뒤에도 재집권이 쉽지 않다고 자성론을 펼쳤다.

진보는 역사를 만들고 보수는 역사를 지킨다고 했다.
보수는 냉철하고도 진지한 성찰의 시간을 통해 지난 9년을 돌아보고 반성하는 것이 우선이다.

새 정부도 '속도'보다는 '방향'이 중요하다는 것을 인식해야 한다. 나무도 옮겨 심으면 3년 동안 뿌리가 새 환경에 적응하는 시간을 갖는다는데 나라를 운영하는 정치는 말할 것도 없다.

숨 가쁘게 뛰지만 말고 호흡을 가다듬으며 발을 내딛자.

부처님 마르고 살찌기는
석수장이 손에 달렸다

부처님을 돌로 새길 때 후덕하게 보이는 것과 마르게 보이는 것은
돌을 깎는 석수의 손끝이 결정한다는 뜻이다.

19대 대선 막판에 '사표(死票)논란'이 불거졌다.

바른정당 유승민 후보는 당내에서 제기되는 단일화 요구에 시달리며 '유승민을 찍는 표는 사표'라는 공세를 차단하는데 마지막 힘을 쏟았다. 정의당 심상정 후보도 더불어민주당 측에서 제기한 '사표론'을 방어하는데 주력했다. 정의당 노회찬 의원은 사표론에 대해 "벼룩의 간을 빼먹는 것이 시대정신인가"라며 강도 높게 비판했고 심상정 후보도 "될 사람 밀어주자는 대세에 편승한 표, 이게 진짜 사표"라며 정면으로 반박했다.

사표라는 말은 처음부터 출발이 잘못된 표현이다.

많든 적든 해당 후보가 얻는 표는 자신의 비전과 가치로 획득한 표다. 사표라는 표현은 강자의 도그마(dogma)이고 큰 세력이 작은 세력에게 행사하는 정치적인 폭력이다. 당선될 사람 밀어주자는 것은 주류 외에 소수는 용납하지 않겠다는 비민주적 발상이다.

비록 낙선할 후보라도 그에게 주어진 한 표는 미래를 꿈꿀 책임 있는 정치인으로 성장시키는 자산이 된다. 새 정부가 자만과 일탈에 빠질 경우 강력한 견제의 힘을 발휘할 동력 또한 상대 후보들의 득표 숫자에 기인한다. 사표 역시 국민의 소중한 선택이다.

국민은 선거에서 후보들에게 표를 던지지만 사실은 시대를 향해 투표하는 것이다. 부처님 모습을 어떻게 만드느냐는 것은 석수장이 손에 달려 있듯이 민주와 공화의 가치를 세우고 대한민국의 정치문화를 어떻게 성장시키느냐는 것은 국민의 손에 달려있다.

겨울이 다 되어야 솔이 푸른 줄 안다

소나무의 푸르름은 사방에 푸른빛이 사라지는 겨울에 돋보인다는 뜻이다.

　겨울이 되면 산과 들에서 푸른빛이 사라지고 산하에 누런빛이 들면서 눈이라도 내려야 하얀 세상을 연출한다. 봄 여름 가을에는 온 천지가 푸른빛이라 솔이 보이지 않지만 한겨울이 되면 푸른 소나무의 진면목이 드러난다. 소나무는 우리 민족의 나무이기도 했다.조선후기 화풍을 주도했던 겸재 정선의 진경산수화들을 봐도 거의 소나무가 그려져 있다. 소나무의 기상은 애국가 중 '남산 위의 저 소나무 철갑을 두른 듯'이란 가사에서 보듯이 우리 민족정신과도 밀접한 관계를 가지고 있다.

이 속담은 어려운 일에 직면해서야 훌륭한 사람의 진가가 드러남을 비유하고 있다. 훌륭한 정치인이나 지도자는 난세에 빛을 발하는 법이다. 화광동진(和光同塵)이라는 말이 있다. 빛을 부드럽게 하여 속세의 티끌과 같이 한다는 뜻이지만 나를 낮춰서 백성의 삶과 함께한다는 의미가 있다.

올바른 정치가의 자세를 제시한 글이 있다.

지난 2014년 아들 필리페 왕세자에게 양위하고 물러난 스페인의 카를로스 전 국왕이 물러나기 전 왕세자에게 보낸 편지를 보면 "왕족이란 특권이 아니다. 피곤해도 생기 있게 보여야 하며 흥미 없는 이야기에도 흥미를 보여야 하며 고생스럽더라도 남을 도와야 한다. 자연스럽지만 속되게 보여서도 안 되며 문제를 잘 알고 있어야 하지만 세부적인 것에 얽매이거나 잘난 척해서는 안 된다. 언론을 존중해야하지만 동시에 언론이 너를 존경하도록 해야 한다." 카를로스 국왕은 39년 동안 재위하며 존경을 받았던 유럽의 군주였다.

여기에서 맨 첫줄의 '왕족'을 '정치인'으로 바꿔 대입해 보자. 그러면 이 편지는 정치를 지망하는 모든 사람들에게 '마그나카르타' 같은 글이 될 것이다. 왕족이나 정치인이나 남들의 표상(表象)이 되는 인물들이다. 항상 푸른 소나무와 같은 자세와 행동이 필요하다.

'왕관을 쓰려는 자, 그 무게를 견뎌라'

세 사람만 우기면 없는 호랑이도 만든다

여러 사람이 한입으로 얘기하면 없던 호랑이도 만들어진다는 뜻이다.

이 속담은 사자성어로 삼인성호(三人成虎)라고 한다.

옛날에도 없는 사실을 만들거나 한쪽이 패거리를 지어 세력이 약한 쪽을 음해하고 공격하는 일들이 빈번했던 모양이다.

이 삼인성호가 현대 정치에서 '프레임 전쟁'으로 부활했다.

프레임은 사고의 틀이자 생각의 출발점이다. 사람이 세상을 바라보는 창이므로 각자 눈에 쓴 일종의 안경 같은 것이다. 프레임에 따라서 세상을 보는 눈과 이해하는 것이 완전히 달라진다. 이 말은 프레임에 따라서 개인 생각 뿐 아니라 집단 인식까지도 전환된다는 의미다. 이 중요한 사실을 정치권이 간과 했을 리 없다. 과거의 선거가 돈과 조직으로 치러졌다면 최근 선거는 '프레임 전쟁'으로 치러지고 있다. 우리 측을 어떻게 '정의'하고 상대방을 어떻게 '규정'하느냐에 따라서 선거의 판도가 확 바뀐다.

이번 대선에서도 '적폐청산' '종북 척결' '패권주의 청산' '개혁보수' 등 나에게는 유리하고 상대방에게는 불리한 전략적 핵심 메시지들이 맞붙었다. 상대방의 공격을 반박하려고 상대의 언어를 쓰는 순간 결국 유권자의 머릿속에는 그 메시지가 오히려 더 강하게 남게 되는 이른바 '프레임의 덫'에 걸리고 만다. 프레임 전쟁은 선거의 본질을 간과한 채 정치를 극단으로 치닫게 만드는 치명적인 약점이 있다. 프레임에 갇히다 보면 정책선거는 사라지고 자신의 비전과 역량을 보여주는 기회는 잡을 수가 없다.

프레임 전쟁은 선거 뿐 아니라 정책 대결에서도 전선을 형성한다. 2017년 7월 세법개정안을 놓고도 여권이 '명예과세' '핀셋증세'라고 네이밍을 하자 야당은 '세금폭탄' '꼼수증세'라고 맞불을 놓았다. 이렇게 네이밍끼리 맞붙게 되면 본질은 사라지고 이미지만 남는다. 증세의 필요성과 절차, 과정, 문제점 등 정작 꼭 봐야 할 것은 보이지 않고 진영논리의 허상만 보이게 된다.

복잡한 사안을 쉽게 정리해주는 프레임 형성과 네이밍 전략은 갈수록 세련되어 질 것이다. 이 틀에 현혹되지 않고 그 사안의 중심과 본질을 바라보려는 노력이 필요하다.

세 사람이 우긴다고 어떻게 없던 호랑이가 나타난 건지 확인해 봐야 하지 않겠는가.

마음에 있으면 꿈에도 있다

마음이 간절히 원하면 그것이 꿈에도 나타난다는 말이다.

레토릭 프라이밍(rhetoric priming)이라는 말이 있다.

지도자가 강조한 이슈가 대중들이 생각한 현안과 일치할 경우 이슈에 대한 관심은 급속히 증가하게 되고 이는 결과적으로 지지율 상승으로 이어진다는 뜻이다.

모든 역사의 구비마다 말이 있었다.

어떤 말은 세상 모두의 적의를 불러 일으켜 인류를 전쟁터로 내몰았고 또 어떤 말은 화해와 평화의 기운을 퍼뜨리며 역사의 물줄기를 바꾸기도 했다. 프랑스 나폴레옹 황제가 이탈리아 원정을 시작하며 한 '내 사전에 불가능은 없다'는 말은 프랑스군이 그 험준한 알프스 산을 넘게 하는 힘을 제공했고 1963년 미국 케네디 대통령의 베를린 장벽 연설은 인류의 보편적 가치가 무엇인지 공감하는 계기가 되었다. 미국의 인권운동가 킹 목사가 1963년 행한 '오늘 나에게는 꿈이 있습니다' 라는 연설은 미국 인권사의 획기적인 분수령으로 평가받는다.

문재인 대통령은 취임사에서 "기회는 평등할 것입니다. 과정은 공정할 것입니다. 결과는 정의로울 것입니다"고 밝혀 많은 국민의 공감을 자아냈다. 이른바 최순실 국정농단 사태로 상처를 입은 국민의 마음을 정확히 헤아린 메시지였다.

〈대통령의 글쓰기〉의 저자 강원국은 "소통능력의 핵심은 문제의 본질을 꿰뚫어 볼 줄 아는 통찰력과 논리적 사고력, 그리고 언어화 능력이다. 철학과 가치관이 분명하고 그것을 대중의 언어로 표현할 수 있어야" 한다고 밝혔다.

옳은 말이다. 연설의 성패는 계몽이 아니라 공감에 달려있다. 뭔가를 기억하기에 가장 좋은 방법은 감동받는 것이다. 감동은 공감을 전제로 한다. 각종 미디어와 SNS가 넘쳐나는 지금은 웅변이 아니라 메시지의 시대다. 말을 잘하는 능력보다 콘텐츠와 대중과의 교감이 더 중요하다.

제대로 듣지 못하는 사람은 제대로 말할 수 없다.

킹 목사가 그토록 염원했던 '꿈'과 문 대통령이 강조한 '평등 공정 정의'는 인류의 보편적인 가치이자 지금 우리 국민의 마음 속에 있는 간절한 희망이다.

그 결실을 맺는 날이 오기를 바라는 건 모두의 바람일 것이다.

춘풍으로 남을 대하고
추풍으로 나를 대하라

남에게는 부드럽게 자신에게는 엄격하게 대하라는 말로
지식인의 올바른 자세를 강조하고 있다.

　꼭 지식인이 아니더라도 다른 사람의 허물은 감싸고 나의 실수는 추상같이 대해 실수가 반복되지 않도록 할 때 인격이 바로서는 것이다. 참다운 지식인은 공공의 가치와 이익을 위해 우선적으로 몸을 던지고 사익추구는 뒷전으로 한다. 공적의식을 망각한 채 특권의식에 가득 찬 '지식기사'들은 약자에게 강하고 강자에게 약한 추태를 연출한다. 곡학아세(曲學阿世)는 어떤 측면에서 볼 때 정치권력이 아닌 일반대중을 상대할 때 훨씬 더 불결하고 불순하다. 대중선동이나 대중영합은 지식인에게 가장 달콤한 유혹이지만 결국 죽음에 이르게 하는 독배(毒杯)다.

위대한 사람들은 어떤 상황에서도 배우고 소통하고, 주변의 의견을 들으려하는 것에 비해 가짜 지식인들은 특권을 휘두르고 사실을 왜곡하며 자신들의 의견과 다르면 들으려 하지 않고 박해한다. 우리는 주변에서 사이비(似而非) 지식인들과 얼치기 지도자들의 폐해를 많이 목격했다. 올바른 지도자에게 대중은 한없는 지지를 보낸다. 대중은 그것을 감각하고 온 몸으로 느낀다.

대중이 지도자에게 보내는 지지에는 적극적인 지지와 확산성이 높은 지지가 있다. 적극적 지지란 응집력과 충성도가 높다는 뜻이고 확산성이란 지지자의 대중 전파력이 크다는 뜻이다. 자신에게 철저하고 대중이 원하는 하나의 목표를 이루기 위해 정진하는 지도자에게는 적극적인 지지가 뒤따를 가능성이 높고, 주변을 아우르고 타인을 존중하면서도 자신에게는 엄격한 지도자에게는 확산성이 높은 지지가 이어질 것이다.

조선조만 치더라도, 적어도 500년 동안 우리 사회에서는 정치인이 곧 문인이자 지식인이었다. 지식인의 본령(本領)은 자기절제와 멸사봉공(滅私奉公)이다.

거짓말도 잘하면
논 닷 마지기보다 낫다

어떤 위급한 상황이 도래했을 때 순간적으로
기지를 잘 발휘할 수 있다면 그것은 큰 자산이 될 수 있다는 뜻이다.

정치는 진실을 도구로 삼지 않는다. 따라서 진실과 정치는 종종 갈등관계 속에 있으며 정치의 도구는 '진실'이 아닌 '조직화된 거짓'이 될 때가 더 많다. 그래서 정치인은 운명적으로 거짓말과 한 몸이다. '진실'을 이야기 할 경우 정치인의 자리에서 내려 올 수도 있기 때문이다. 정치인은 '내가 하고 싶은 말'이 아니라 '상대방이 듣기 좋은 말'을 해야 하는 대표적인 직업인이다. 그래야 공천을 받고 표를 얻어 중진정치인으로 성장할 수 있다.

대선 후보 경선은 '말의 성찬'이기도 하지만 서로의 '거짓말'을 폭로하는 자리이기도 하다. 이 순간 삐끗하면 정치 생명이 끝난다. 그때 위기를 넘어가게 해준 '적당한 거짓말' 하나는 논 다섯 마지기가 아니라 전 재산보다 나을 수 있다. '하얀 거짓말'은 누군가를 위해서 적당히 둘러댄 말인데, 거짓말이지만 좋은 의도에서 한 것이다.

최근 전 세계적으로 '가짜 뉴스'가 화제다. 지난해 옥스퍼드 사전이 올해의 단어로 선정한 것이 '탈 진실(Post-Truth)'이었다. 이제는 객관적인 팩트가 감정에의 호소나 개인적 신념보다 여론을 형성하는데 힘을 덜 미치고 있다. 즉 팩트가 무의미해지고 있는 것이다. 팩트는 언론인들에게만 중요하게 통용될 뿐 정치적인 결정에는 큰 영향을 미치지 못하고 있다. 즉 자기가 '보고 싶은 것만' 보는 선택적 인지를 하기 때문이다.

그렇다고 가짜 뉴스의 폐해를 그냥 둘 수는 없다. 가짜뉴스는 '정치·경제적 이익을 위해 의도적으로 언론보도의 형식으로 유포된 거짓 정보'로 정의된다. 블랙리스트 관련 사건으로 2016년 겨울 구속되었던 조윤선 전 문화체육관광부장관이 2017년 7월 집행유예를 받아 석방되자 그 판사의 과거 재판 기록에 대한 가짜 뉴스가 나돌아 한때 사회적인 논란이 되기도 했다. 사실 가짜뉴스는 인류 커뮤니케이션의 역사만큼이나 길고 오래된 얘기다. 그러나 인격살인을 하는 가짜뉴스는 근절되어야 한다. 인간의 존엄을 위협하는 위험성과 그 해악은 우리들 집단지성의 힘으로 극복해야 한다.

나무도 고목 되면
오던 새도 아니 온다

푸르던 나무가 말라가니
자주 앉던 새들도 오지 않는다는 뜻이다.

세상사 인심의 무상함을 일러주는 말이다. 정승집 개가 죽으면 문상을 가도 정승이 죽으면 문상을 가지 않는다는 속담과도 상통한다.

안철수 국민의당 대표는 2016년 총선에서 모두의 예상을 깨고 호남에서 압도적인 지지를 받아 국민의당을 창당한지 두 달 여 만에 원내 제 3당으로 화려하게 국회에 입성하면서 정치권의 주목을 한 몸에 받았다.

2012년 대선 때처럼 '철수'하지 않고 광야에 몸을 던지겠다고 호언한 결과 대선을 일 년 앞둔 시점에서 유력 대선후보로 급부상한 것이다. 19대 대선에서도 초반 문재인 당시 더불어민주당 후보와 호각세를 이루는 등 돌풍 양상을 보였지만 결국 TV 토론회 등에서 지지세를 더 이상 확산하지 못하고 결국에는 21.4%의 득표율로 3위를 기록했다.

대선 이후 그에게 더 큰 시련이 다가왔다. 대선 막판에 폭로한 문재인 대통령의 아들 준용씨의 채용 특혜 의혹과 관련한 녹취록이 조작된 것으로 밝혀지면서 핵심 당원들이 구속되는 등 엄청난 파장이 일었다. 당내에서는 안철수 책임론이 제기되고 심지어는 일각에서 정계은퇴론까지 나오는 지경에까지 이르렀다.

본인은 '지는 달'이 아니라 '살아있는 해'라는 것을 보여주기 위해 '안중근 의사'까지 거론하며 당 대표 출마를 전격 선언했지만 소속 의원 12명이 공개 반대하면서 체면을 구기기도 했다. 측근으로 거론되던 일부 의원들도 그의 곁을 떠나거나 비판하는 등 시련을 겪었다.

결국 당 대표 출마 경선에서 턱걸이로 과반수가 넘는 득표를 해 대표에 선출되기는 했지만 선거 과정에서도 상대 후보들로부터 공격을 많이 받았다. 안 대표는 민주당 탈당파를 이끌고 국민의당을 창당해 두달만에 원내 3당을 만들고 유력 대선후보로까지 급부상했지만 대선 이후 석달만에 정계은퇴를 요구받는 처지에 이르게 됐을 때는 인생무상, 정치무상을 절감했을 것이다.

　새 정치를 기치로 정치권에 입문했던 그가 어느 순간 고목나무로 보이니 있던 새도 날아가고 오던 새도 오지 않는 것이다. 이제 위기와 혼란에 빠진 국민의당을 이끌게 된 안 대표의 앞에는 자신이 고목나무가 아님을 입증하는 일이 남아 있다 .

　그 시금석은 2018년 지방선거 결과가 될 것이다.

먹는 개는 살찌고 짖는 개는 여윈다

주변과 편하게 살아가는 개는 살이 붙고
자꾸 짖기만 하는 개는 말라간다는 뜻이다.

대변인(代辯人)의 세계는 다양하다.

사전적 의미로는 정부 당국의 공식성명이나 비공식입장을 발표 또는 설명하는 사람이지만 각 정당이나 특별한 기관, 단체에도 있으며 유명인이나 스타를 기용한 조직이 두는 경우도 있다. 이 가운데 가장 치열한 전선이 형성되는 곳은 정당이다. 특히 총선이나 대선을 치를 때나 국회에서 교착 상태가 지속될 때에는 '말의 전쟁'이 벌어지고 가끔씩은 감정이 지나쳐 '고소와 고발'이 난무하기도 한다. 그러다보니 대변인들은 '품위'보다는 '자극'을 택하고 '품격'보다는 '센거'를 선호하게 된다. 각종 논평, 성명, 촌평, 브리핑 등

'일용할 양식'을 기자들에게 제공하며 자당의 우위와 타당의 허물을 교묘하게 전달한다.

　그러나 결국 대변인도 사람인지라 시간이 흐르면 대변한 '내용'보다는 대변할 때의 '이미지'가 남는다. 정치권에서 명대변인으로 평가받는 박희태 전 국회의장은 대변인 시절 당시 국회 등원을 거부했던 야당이 등원 명분을 줘야 한다고 하자 "국회의원이 국회 가는데 무슨 명분이 필요한가"라고 받아쳐 야당을 머쓱하게 만들었다. 국민의당 박지원 의원도 기자들이 기억하는 촌철살인(寸鐵殺人)의 대변인이다. 박 의원은 발언 그 자체가 기사로도 손색이 없다는 평가를 받았다. 자유한국당의 전신 한나라당에서 대변인을 역임했던 이계진 전 의원은 대변인에 임명된 직후 인터뷰에서 "과거 대변인(代辯人)의 스타일은 잠시 접고 웃을 소(笑)자를 써 소변인(笑辯人)의 시대를 열어 볼까 한다"고 말한 바 있다. 이 전 대변인은 부드러운 방법과 내용, 여유 있는 표현으로 날선 '입 총알'들이 날아다니는 정치무대에서 해학과 배려를 보여준 명대변인으로 기억되고 있다.

　독설보다는 유머가 낫고 몸쪽 꽉 찬 돌직구보다는 바깥쪽으로 휘어지는 변화구가 더 허를 찌르는 법이다. 신경이 곤두선 삶과 즐기는 삶, 누가 더 편안할지는 불문가지(不問可知)이다.

볶은 콩과 여자는 곁에 두지 말랬다

볶은 콩이 옆에 있으면 자주 먹느라 손이 가게 되고
남자 옆에 여자가 있으면 마음이 동하게 된다는 뜻이다.

'생각을 조심하라, 말이 된다, 말을 조심하라, 행동이 된다'는 말
이 있다.

우리 사회에서 고위공직자나 정치인, 유력인사들을 한방에 '훅
가게' 한 사유중의 1위는 무엇일까. 정확한 수치는 알 수 없지만 필
자는 '성추행' 혹은 '성폭행'이 상위 순번에 있을 거라는데 한 표
던진다. 박근혜 정부 초기에 해외 첫 순방지인 미국에서 현지 지원
에 나선 인턴을 성추행한 혐의로 한국뿐 아니라 미국 사회에까지
큰 파장을 던진 윤창중 전 청와대대변인의 사건은 개인의 성추행

사건이 정권을 위기로 몰아넣은 사례로 꼽힌다.

　정치권 뿐만이 아니다. 2016년에는 문화계가 성추행 논란에 휩싸여 큰 충격을 던졌다. 가해자로 지목받은 사람들은 사회적 명성을 바탕으로 자신이 활동하는 분야에서 강력한 영향력을 행사할 수 있는 문화계 '권력자'들이었다. 2017년 8월에는 에티오피아 주재 한국 대사가 성추행 등의 혐의로 형사 고발되는 사건까지 있었다. 현직 대사가 성 비위로 고발 조치된 첫 사례여서 공직사회에 던진 파장은 컸다. 왜 사회적으로 성공하고 높은 위치에까지 오른 유력한 인사들이 성(性)과 관련한 문제에서 쉽게 무너질까. 그것은 아마도 성공에 대한 보상심리도 있을 것이고 살아오면서 개인적으로 갖게 된 여성 인식의 문제도 있을 것이다. 성범죄는 성욕을 통제할 수 '없어서' 일어나는 게 아니라 성욕을 통제하지 '않아서' 생겨나는 것이다. 그렇기 때문에 중요한 것은 여성을 성의 대상이 아니라 동등한 삶의 파트너로 대접해야 한다. 여기에는 보수 진보가 따로 없다.

　이 속담은 남존여비(男尊女卑) 사상이 지배했던 봉건사회에서 여성을 성의 도구로 인식하고 나온 속담이다. 여성은 곁에 두면 자꾸 손이 가게 되는 볶은 콩 같은 심심풀이용 '기호품'이 아니라 세상의 절반을 차지하고 있는 남성의 동반자다. 이 사실을 깜박하면 큰 대가를 치른다.

사주(四柱)보다는 관상(觀相)이 낫고
관상(觀相)보다는 심상(心相)이 낫다

어떤 사람을 판단할 때 그 사람의 사주보다는 얼굴생김을 봐야하고
얼굴생김보다는 그의 마음 씀씀이를 봐야 정확하다는 말이다.

    옛말에 천시불여지리(天時不餘地理) 지리불여인화(地理不餘人和)라고 했다. 하늘의 뜻은 주어진 여건만 못하고 그 여건은 제대로 된 사람들이 주변에 있는 것만 못하다는 뜻이다. 나라의 대업을 이루는 것이 이럴진대 사람의 경우도 주어진 사주보다는 현재 그 사람의 얼굴을 보는 것이 낫고 외모보다는 그 마음이 더 중요한 것이다. 그래서 사람이 태어난 연월일시의 네 간지(干支)인 사주보다 얼굴을 보고 그의 운명이나 수명을 판단하는 관상이 더 나은 것이다. 그러나 관상보다도 그 사람의 인격을 형성하는 마음 상태를 보는 것이 더욱 중요하다.

우리는 선거철이 되면 정치인들이 용하다고 알려진 역술인들을 찾아가 당선 여부에 대한 점을 봤다는 기사를 가끔 접한다. 특히 규모가 큰 선거일수록 후보 본인 뿐만 아니라 가족, 측근들까지 점보기 행렬에 가세한다. 2017년 초 흥행에 성공했던 영화 '더 킹'에서도 대선 투표일을 앞둔 시점에 검찰의 주요 간부들이 점쟁이를 찾아가 당선자를 예측해달라고 두둑한 복채를 주는 장면이 단순히 코미디로만 보이지 않는 이유다. 이 뿐만이 아니다. 어떤 정치인은 출마를 결심한 시점에 조상의 묘를 이전해 '조상의 음덕'까지 선거에 동원하기도 했다. 선거는 인물, 구도, 정책의 3가지 요소로 이뤄진다고 하지만 기본적으로 유권자의 마음을 얻는 행위이므로 그 결과를 예측하기가 대단히 어렵다.

그런 불안한 심리를 해소하기 위해 점을 보거나 조상 묘를 이전하는 절박한 마음을 이해 못할 바 아니지만 사주, 관상이 아무리 좋아도 마음의 '올곧음'과 '평정심'을 이기지는 못한다. '바른 정치'를 실현하고자 하는 열망이 가득하면 국민의 눈에 그게 보인다.

그것만큼 유권자를 끌어들이는 큰 매력(魅力)은 없다. 매력의 매(魅)자는 귀신 매자다. 그런 열망은 귀신도 홀리는 힘이 있다.

삼촌 메치고 힘자랑 한다

자신의 삼촌을 메다꽂고 내 힘이 세다고 과시한다는 뜻이다.

막말은 정치권에서는 일종의 '필요악'으로 인식되고 있다.

막말을 하면 국민의 지탄을 받는다는 것을 알고 있지만(모르는 사람도 상당수 있기는 하다) 전략적으로 지지자들을 결집시키려고 하는 경우들이 종종 있기 때문이다.

무개념의 막말도 많았다. 2016년 교육부의 한 고위 공무원이 '민중은 개·돼지'라는 발언을 해 국민의 마음을 상하게 했다. 충청북도의 한 도의원은 2017년 수해 피해를 입은 지역 주민을 뒤로 한 채 유럽연수에 나섰다가 비판을 받자 한 방송과의 인터뷰에서 국민을

'레밍(나그네 쥐)'에 비유해 전 국민적인 공분을 불러 일으켰다. 한 야당 여성 국회의원은 급식 노동자들을 '밥하는 아줌마'로 비하하는 발언을 해 전국의 비정규직 여성노동자에게 큰 상처를 남겼다. 이 발언에 국민이 분개하고 급식노동자들의 항의가 잇따르자 이 의원은 사과 기자회견까지 열어야 했다. 위험한 생각을 하는 사람은 언젠가 위험한 말을 하게 되어 있다. 본심과는 다른 말이 튀어나오는 경우도 있지만 대부분 마음 속에 있던 본심이 튀어나온다.

문학평론가 오민석 단국대교수는 '막말의 사회'란 칼럼에서 "막말의 문화가 갖는 첫 번째 문제는 온갖 종류의 가짜 뉴스 혹은 거짓말은 생산한다는 것이다. 두 번째 문제는 그것이 합리적 사유를 방해한다는 것이다. 막말과 욕설은 분노와 화로 이성적, 논리적 사유를 억압한다. 정치가들의 막말이 가장 심각한 문제인 것은 그것이 청소년을 포함한 국민 전체에 토씨 하나까지 무차별적으로 유포되기 때문이다"라고 지적했다.

정치인의 수준은 그 국가의 수준을 보여주는 것이고 말의 품격이 그 사회의 품격이기도 하다. 자신의 삼촌을 메치고서 자기 힘이 세다고 자랑해서야 되겠는가. 막말로 인해 국민들의 분노를 불러 일으키고나서도 무엇을 잘못했는지 모르는 모습에 국민은 절망한다. 힘은 바르게 쓰라고 있는 것이지 아무 곳에서나 조폭처럼 행사 하라고 있는 것은 아니다.

꿩 먹고 알 먹고 둥지는 불 땐다

꿩 사냥꾼이 꿩을 잡고 나서 둥지를 발견해
꿩이 낳은 알도 가지고 둥지는 불쏘시개로 쓴다는 뜻이다.

한 번의 시도로 세 가지를 얻는 것을 말한다.

야구경기에서 병살타는 한경기만 치러도 심심치 않게 나오지만 한꺼번에 세 명을 아웃시키는 삼중살(三重殺)은 여간해서 보기 힘들다. 지금까지 프로야구에서 총 67번 나왔다고 하니 그야말로 '역대급 장면'이다.

국민오락이라고 불리는 이른바 '고스톱'에서도 일타 삼피는 행운 중의 행운이다. 19대 대선에서 일타 삼피를 공개적으로 외친 대선후보가 관심을 끌었다. 심상정 정의당 대선후보는 대선 막판에 호남지역을 유세하며 "심상정에게 주는 표는 홍준표 잡는 적폐청산, 문재인 견인하는 개혁견인, 새 정치 안철수를 대체하는 정치혁명 '일타 삼피'"라고 강조하며 지지를 호소했다. 대통령을 선택하는 대선에서 국민이 아주 편하게 쓰는 대중오락 용어(?)가 유세장에 등장한 것도 신선했지만 5위의 후보가 이른바 '빅 3' 후보들을 정면으로 겨냥한 당당함에 눈길이 갔다.

꿩 사냥꾼에게 '일타 삼피'는 행운일 것이다. 그러나 자주 오는 기회는 아니다. 열심히 꿩 사냥을 하다보면 생기는 행운이다. 우리의 인생도 마찬가지다. '한 방'보다는 꾸준하게 잽을 날리며 살 때 어느 날 '밤에 지나간 배'처럼 일타 삼피의 행운은 우리 앞에 찾아올 수 있다.

내 것이 아닌 '요행'은 결국 '불행'이 된다.

얻어먹는 사람이 큰 떡 먼저 든다

남의 밥상에서 얻어먹는 처지에
가장 좋은 음식을 먼저 집어 든다는 뜻이다.

비슷한 속담으로 '눈칫밥 먹는 주제에 상추쌈까지 싸먹는다' 가
있다.

국회의원들이 매월 지급받는 수당 및 활동비를 법률용어로 세비
(歲費)라고 한다. 자료에 따르면 최근 10년간 국회의원 세비는 37%
가량 오른 것으로 나타났다. 이는 같은 기간 공무원, 공공기관 임금
인상률보다 10% 포인트 가량 더 높은 수치라고 한다. 같은 공공성
의 영역인데 왜 이리 차이가 날까. 그 이유는 국회의원들이 자신들
의 세비를 직접 결정하는 탓이라는 지적이 나온다. 이른바 '셀프심
의' '셀프인상'이다. 의원들 스스로 세비 액수와 인상 폭, 수당 항

목 및 금액을 심사·결정하는 구조이기 때문에 이런 비난을 피할 수 없다.

그러나 일각에서는 현실적인 입장도 제기된다. 국회의원은 '일 잘하는' 것이 중요하지, 세비를 무조건 '과다'와 '낭비'로 폄하하는 것은 정치 불신을 야기한다는 지적도 있다. 또 과거처럼 출판기념 회를 통한 사실상의 '후원금 수입'이 끊긴데다 공식적으로 모금하는 후원금도 상당히 제약이 많아 의정활동이 수월하지 못하다는 어려움을 토로하기도 한다. 이에 대해 전문가들은 중립적인 외부 인사들이 주축이 된 위원회를 만들어 세비 정산과 인상에 대한 전권을 주어야 한다고 조언한다.

세비는 국회의원의 특권이 아니다. 국민에게 제대로 봉사하고 일하는데 쓰라고 국가가 국회의원이란 헌법기관에 공식적으로 지급하는 돈이다. 그러나 '국회파행' '정치실종' 같은 말들이 나도는 현실에서 국회의원이 자신들의 세비 인상에 대한 전권까지 가지고 있다면 국민들은 얻어먹는 사람이 큰 떡을 먼저 든다고 생각할 수 있다.

큰 떡을 들어도 밉지 않게 드는 방법은 많다.

여자 공부해서 도원수 벼슬 받아온 적 없다

여자는 아무리 공부시켜도 출세하지 못한다는 말이다.

이 속담이야말로 격세지감(隔世之感)을 느끼게 한다.

문재인 대통령은 내각의 30%를 여성장관으로 채우겠다고 공약을 했고 그 약속을 지켰다. 강경화 외교부 장관, 김현미 국토교통부 장관, 김은경 환경부 장관, 정현백 여성가족부 장관, 김영주 고용노동부 장관 등이 그 주인공이다. 이전 박근혜 정부까지도 총 41명의 여성장관이 탄생했다. 비록 탄핵되었지만 박근혜 전대통령은 대한민국 최초의 여성대통령이었다.

정치권은 더 여성들의 약진이 빛났다.

19대 대선이 끝난 후 여의도에는 여성 당대표 '트로이카' 시대가 열렸다. 더불어민주당 추미애, 바른정당 이혜훈, 정의당 이정미 대표 등 5당 가운데 3당 대표가 여성이었다. 비록 이혜훈 대표가 취임 74일만에 사퇴하긴 했지만 정치권에서조차 '여초현상'이 일어난 것이다. 이미 사회적으로는 '여초(女超)'가 일반적인 현상이 됐다.

　'여성우위' 현상은 스타크래프트 게임이 확산되면서 시작된 것으로 보는 흥미로운 분석도 있다. 남자들이 어릴 때부터 '게임하기'를 법으로 금지시키지 않으면 여성을 이길 수 없다는 조크어린 탄식까지 나올 정도다. 조선시대 남존여비(男尊女卑) 사상이 제도적으로 여성을 억압할 때에는 '신사임당'과 '허난설헌'이 전설로 남았지만 이제 '여성의 우위'는 전 세계적인 현상이다. 도원수 벼슬 정도가 아니라 재상(宰相)도 문제없어 보인다.

　이제 '여풍당당'은 대세다.

스님도 속인도 아니다

스님도 아니고 일반인도 아니라는 말이다.

한자로는 비승비속(非僧非俗)이다.

비슷한 표현으로는 비산비야(非山非野·산도 아니고 들도 아니다)가 있다. 이도 저도 아닌 어중간한 상태나 그런 태도를 가진 사람을 이르는 뜻이다. 우리 사회에는 중간 지대가 별로 없다. 편을 가르고 분명한 입장을 요구한다. 다양성보다는 확실한 하나를 선호하는 경향이 강하다.

특히 정치문화에서는 그 양상이 더욱 심하다.

중도입장을 견지하다보면 '회색주의자'란 평판을 듣기 십상이고 양쪽으로부터 외면당한다. 회색은 패션리더들이 즐겨 입는 세련된 색상인데도 말이다. 우리 정치권에서는 손학규 전의원이 대표적인 케이스다. 손 전의원은 합리성, 유연성, 중도적 가치비전 때문에 정치부 기자들이나 지식인층에서는 매우 높은 평가를 받았지만 현실 정치에서는 대선에 나서지 못하고 번번이 중간에 뜻을 접어야 했다. 내 편 아니면 네 편이냐가 중요하지 양쪽의 목소리를 수렴하는 순간 양쪽으로부터 다 버림받는다. 세상이 지향하는 '가치'와 그것을 실천하는 '세상이치'는 다르다. 경쟁사회에서 중립처럼 어리석은 짓은 없다고 한다. 중립을 내세운 자는 승자에게도 적일 뿐 아니라 도와주지 않았다는 이유로 패자에게도 적이 된다는 이유에서다.

누군가 권력의 속성을 이렇게 정의했다.

권력은 나눠지지 않는다. 더운물과 찬물이 섞이면 미지근한 물이 되는 게 자연의 법칙이지만 강자와 약자가 섞이면 강자의 지배가 관철되는 것이 권력의 법칙이라고. 스님도 아니고 속인도 아닐 수 있지만 중간지대가 있어야 숨이라도 좀 쉴 수 있지 않을까. 분명한 건 중도가 대접받는 사회는 민도(民度)가 높은 사회다. 침묵도 하나의 표현방식이고 무반응도 반응의 범주에 든다는 것을 잊으면 안 된다.

'나는 아직도 명령의 과잉을 용서할 수 없는 시대이지만 이 시대는 아직도 명령의 과잉을 요구하는 밤이다.'(김수영 시 〈서시〉)

55

탐관(貪官)의 엉덩이는 안반 같고
염관(廉官)의 엉덩이는 송곳 같다

탐욕스런 관료의 엉덩이는 아주 살이 쪄서 크지만
청렴한 관료의 엉덩이는 작다는 뜻이다.

관료사회의 비육지탄(髀肉之嘆)으로 볼 수 있다.

부정과 탐욕으로 뒷돈을 챙긴 탐관은 호의호식해서 자신의 엉덩이가 떡을 칠 때에 쓰는 넓적한 판 같고 청렴하게 스스로를 관리한 청백리의 엉덩이는 살이 빠져서 뾰족하다는 의미다.

모름지기 정치란 스스로에게는 '염치'를, 국민 앞에서는 '눈치'를, 일하면서는 '재치'가 있어야 한다. 이 '삼치'는 정치의 주인인 국민이 누려야 할 당연한 '사치'가 아닌가. 공직자는 자신이 모든 것을 다하겠다는 '나 아니면 안 된다'란 마음을 버려야 한다.

옛 어른들은 공직을 설니홍조(雪泥鴻爪)라고 했다. 눈이 내리고 바람이 불면 사라질 눈 위의 기러기 발자국 같은 것이란 뜻으로 마음을 비우고 최선을 다하면 될 일이라고 생각한 것이다. 공직자의 자세를 얘기할 때 대명무사조(大明無私照)라는 말도 빠지지 않는다. 햇볕이 사람을 골라가며 빛을 주지 않듯이 모든 이에게 공정하게 임하라는 말이다. 누군가 그랬다. 앞서 가는 길 흐리지 마라, 뒤에 올 누군가에게 두렵기 때문이라고.

노벨 경제학상을 받은 스웨덴의 경제학자 군나르 뮈르달은 '부패는 아시아의 민속'이라고 했지만 대한민국 공직자들의 대다수는 청렴하다. 2016년 9월 우리 사회에는 '부정청탁 및 금품 등 수수의 금지에 관한 법률'(일명 김영란법)이 시행되면서 공직사회 뿐 아니라 사회전체 분위기가 바뀌었다.

엄정(嚴正). 누구나 자신에게 엄(嚴)할 수는 있지만 정(正)하기는 쉽지 않다. 정치가와 공직자들의 엉덩이가 송곳이 될수록 국민들은 편안하고 풍요롭다.

마른 엉덩이의 역설이다.

나는 새를 억지로 앉힐 수 없다

날아다니는 새를 사람이 이리 앉아라 저리 앉아라 할 수 없다는 말이다.

2018년 2월 평창 동계올림픽이 열린다.

대한민국은 세 번의 도전 끝에 동계올림픽을 유치함으로써 동·하계 올림픽과 월드컵 축구 그리고 세계육상선수권대회 등 4대 국제 메이저 대회를 개최하는 세계 7번째 나라가 됐다. 동계 올림픽은 눈과 얼음이라는 자연적 개최환경이 조성돼야 하지만 첨단장비를 사용하는 '장비 올림픽'이기 때문에 선진국의 올림픽으로 인식되고 있다. 설상종목은 평창에서, 빙상종목은 강릉에서 나눠 열리는 동계 올림픽은 많은 기대와 함께 시설물 사후 관리에 대한 우려도 많지만 일단 성공적인 개최가 되도록 국민적 역량을 집중해야 할 것이다.

평창 동계올림픽 개최와 관련해 남북 간에 미묘한 분위기가 조성
돼 관심을 끈 적이 있다.

2017년 6월 북한의 장웅 IOC위원이 태권도 시범단을 이끌고 오
자 우리 정부쪽에서 스포츠 남북교류 제안을 잇따라 한 것이다. 문
재인 대통령은 평창 동계올림픽 남북 단일팀 구성을 제안했고 도종
환 문화체육부장관은 구체적으로 여자 아이스하키를 단일팀 종목
으로 지목하기도 했다. 이 같은 우리의 구애 러시에도 불구하고 장
웅 위원은 '스포츠 위에 정치 있다'는 한마디로 차갑게 선을 그었
다. 외신과의 인터뷰에서는 "북남관계를 체육으로서 푼다는 건 천
진난만하기 짝이 없다. 기대가 지나치다"며 꼬집었다. 장 위원의

발언은 스포츠 교류가 정치적인 환경을 개선시킬 수 있다고 희망하는 우리 측 인사들에게 뼈아픈 지적이었다. 짧지만 강렬한 정치적 메시지였다.

이 발언 후 북한은 한 달 정도 지난 7월에 '화성-14형' 대륙간탄도미사일(ICBM)을 발사하며 미국의 목덜미에 비수를 들이대 미국을 화들짝 놀라게 했다. 역대 어느 정권에서나 북한의 도발은 상수였다. 문제는 우리 정부가 어떻게 관리해 내느냐는 것이다. 우리가 아무리 구애를 하고 여러 가지 제안을 해도 북한은 홀로 자유롭게 날아다니는 새처럼 국제사회의 틀과 권유도 무시하고 있다. 어떻게 나는 새에게 이리 앉아라 저리 앉아라 할 수 있겠는가. 나는 새를 억지로 앉게 할 방법은 없다. 다만 새가 앉아서 살 수 있는 서식환경을 조성해 준다면 새는 그 곳이 앉을 수 있는지를 판단할 것이다.
우리는 국제사회와 긴밀하게 협의(북핵 포기)해 북한이라는 새가 앉을 수 있는 서식 환경(경제지원)을 조성해줘야 한다. 그러나 인간에게 해를 끼치는 조류라면 국제사회와 공조(대북제재)해 포획해서 새장 안에 가두는(경제적 고립) 방법도 있다.

어떤 방식이든 남은 시간은 그리 많지 않아 보인다.

가까운 무당보다 먼 데 무당이 더 용하다

근처의 잘 아는 무당보다는 모르는 무당이
더 효험이 있을 것이라고 믿는다는 말이다.

'선지자(先知者)도 제 고향에서는 환영받지 못 한다'는 경구에 대한 대답인 셈이다. 사람은 자신이 잘 알고, 가까이 있는 것은 대수롭지 않게 보지만 잘 모르고 멀리 있는 것은 더 좋은 걸로 지레 짐작하는 경향이 있다.

비슷한 속담들이 많다. '먼 곳 의원(醫員)이 더 용하다' '제 고을에 명창 없다' 등이 있다. 우린 가까운 곳에 있는 사람들을 인정하지 않으려는 심리가 있다. 일종의 '비 면식 신뢰현상'이다. 자신과 친하거나 가까운 사람들 보다는 접촉하지 않은 미지의 인물들이 더

신비롭고 능력이 있어 보이는 일종의 '최면효과'로 해석된다.

선거 때마다 어김없이 '물갈이론'이 등장하고 자당 소속 인사들이 즐비한데도 '외부인재 영입'에 나서는 이유다. 15~19대 총선 초선 당선자 평균 비율은 48.6%로 나타났다. 두 명 중 한명이 초선의원이었다는 얘기다. 노무현 대통령에 대한 탄핵역풍이 몰아친 17대 총선에서는 처음 금배지를 단 초선의원이 187명으로 역대 최고인 62.5%를 기록했다. 대체로 여당의 물갈이 비율이 야당보다 높은 추세를 보여 왔다. 집권여당의 인재 영입 프리미엄 때문이란 분석이 있지만 여당에 대한 국민의 '반감'을 의식했다는 지적도 있다. 선거 때마다 '바꿔 열풍'이 불어 새로운 인물들이 상당수 국회로 진입하고 있지만 정작 정치문화는 그에 부응하지 못했다는 비판도 많다.

먼 곳에 있는 무당과 의원이 더 용할 것이란 생각은 환상일 수 있다. 가장 재미있는 영화는 아직 못 본 영화이고 가장 멋진 이성은 아직 못 만난 사람인 것처럼.

그러나 가까운 곳에 있는 사람들부터 잘 살펴보면 '훌륭한 인재'를 만날 수 도 있다. 혹시 주변에 알려지지 않은 '명창'이 있을지도 모른다.

가뭄에 도랑 친다

가뭄에는 도랑이 말라서 정비하기가 편하니
비올 때를 대비해 미리 손을 본다는 뜻이다.

하로동선(夏爐冬扇)이라는 말이 있다.

여름 난로와 겨울 부채라는 뜻으로 계절적으로 전혀 쓸모가 없는 물건을 이르는 말이지만 속뜻은 아무 소용없는 말이나 재주를 비유하는데 쓰인다.

이 사자성어가 유명해진 것은 노무현 전 대통령이 1996년 15대 총선에서 낙선한 뒤 유인태 김원웅 이철 전 의원 등 국민통합추진회의(통추) 멤버들과 동업으로 강남에서 고깃집을 열었을 때 그 상호가 바로 '하로동선'이었다. 양김의 지역주의에 밀려 낙선했지만 지역주의 타파를 통해 언젠가는 선택받을 날이 있을 것이란 의미와 정치자금을 스스로 벌어 쓰자는 뜻이 담겼다고 한다. 그 외에도 지금은 낙선의원 신세지만 나중에 큰일을 할 것이란 의지도 포함된 것으로 당시 정치권에서는 분석했다. 시간이 흘러 2002년 대선에서 노무현 대통령은 그 의지대로 국민대통합을 내세우며 당선됐다. 하로동선이 아닌 '여름부채'와 '겨울 난로'가 되면서 대한민국 정치사에 큰 획을 그었다.

가뭄에 도랑 친다는 속담도 비슷한 뜻이다.

가뭄에는 비가 절실하지만 막상 비가 많이 내릴 때 물길이 없으면 피해를 입는다. 따라서 가뭄에 비를 대비하는 차원에서 도랑을 미리 내는 것이 바로 혜안(慧眼)이고 지혜(智慧)다.

생각이 미래를 만들고, 안목이 세상을 여는 법이다.

생각을 바꾸면 미래를 바꿀 수 있다.

어려울 때 일수록 미래를 차분하게 준비하는 것이야말로 승자의 덕목이고 자세다.

감은 눈은 보지 못하는 법

눈을 감고 있으면 앞을 보지 못하므로 항상 깨어있으라는 의미다.

한 언론에 소개된 미국 지미 카터 전 대통령 정부의 부통령이었던 월터 먼데일 전 부통령이 쓴 '차기 대통령을 위한 나의 제언'이라는 글에 눈에 들어오는 구절이 있었다. 총 11가지의 제언 가운데 다섯 번째와 아홉 번째에 이런 말이 있다. 제언 5. 제도권 밖의 '사적인 정부'를 활용했으면 하는 유혹을 받게 될 것이다. 비공식 통로를 이용하려다 여론의 반격을 받으면 그 아픔이 대단할 것이다. 그 와중 무언가 은폐하다가 발각되면 모든 일이 끝장난다. 만약 법 테두리 밖에서 일을 하고 싶은 충동을 받게 되면 차라리 낚시를 가거나 친한 친구를 만나라. 제언 9. 절대로 백악관에 고립돼서는 안 된다. 밖으로 자주 나서야 한다. 백악관 속에 고립되면 형편없는 추종자들만 대통령을 보게 된다. 당신은 신이 아니며 백악관을 잠시 점유하고 있을 뿐이다.

뭔가 데자뷰(기시감)가 느껴지지 않는가.

다섯 번째 제안에서는 이른바 최순실 국정농단사태 과정에서 박근혜 전대통령이 했던 세 차례의 기자회견 과정이, 아홉 번째 제안에서는 '불통 대통령'이란 명예스럽지 못한 호칭이 떠오른다. 그 당시 투명하지 못한 일정관리와 부실한 해명으로 인해 이른바 '일곱 시간의 진실' 같은 논란이 제기되는 등 많은 국민을 절망스럽게 했다. 누구라도 대통령이 되는 순간 한 정파의 보스가 아니라 국가의 지도자가 되는 것이다. 국가의 지도자는 정파와 측근 그리고 밀실을 넘어선 통치(統治)가 아닌 정치(政治)를 해야 한다.

대통령이란 권력을 5년간 잠시 '위임' 받은 것에 불과하다는 원칙을 반드시 기억해야 한다. 권력을 세상에서 가장 얇은 유리잔처럼 조심스럽게 다룰 줄 아는 대통령이 돼야 한다. 감고 있는 눈을 가지고는 절대 세상을 바르게 볼 수 없다. 지도자는 고립되지 말고 눈을 크게 뜨고 천천히 역사 속으로 한발씩 내딛어야 한다.

위대한 정신은 늘 임계점(臨界點) 가까이에서 그 너머를 꿈꾸는 법이다.

그믐에 안 된 것이 초승에 되는 수도 있다

그믐날에 이루지 못한 것이 초승달이 들 무렵에
이뤄질 수도 있다는 뜻으로 앞날은 알 수 없다는 의미다.

'객관적으로 보면 안 될 것 같은데 주관적으로는 반드시 해낼 것 같다'는 느낌은 프랑스의 정신분석학자 자크 라캉(Jacqves Lacan)의 '실재계'에 기인한다고 한다. '실재계'란 욕망이 최종적으로 목표하는 지점이자 도달 할 수는 없지만 그래도 포기할 수 없는 세계라고 한다.

주요 정치인들의 최종 목표는 무엇일까.
그것은 두말 할 것도 없이 '대권'이다. 안철수 전 국민의당 대선 후보가 19대 대선 패배 후 칩거한 지 110일 만에 당 대표에 선출되면서 현실정치로 다시 돌아왔다. 지금까지 주요 대선후보들은 낙선 후 당분간의 칩거생활을 보내다 어김없이 돌아와 다시 출마를 했다. 다만 방법은 정치인들마다 조금씩 달랐다.

김대중 전 대통령은 1992년 눈물의 정계은퇴를 한 후 영국으로 외유를 떠났다가 신당을 창당해 당권을 장악한 후 결국 1997년 대권 삼수에 성공해 대통령직을 거머쥐었다. 이회창 전 한나라당 총재는 1997년 대선 패배 후 잠시 뒤로 물러나 있다가 8개월 만에 슬그머니 당 총재로 복귀했다. 당시 이 전 총재는 자신의 복귀를 원하는 당내 목소리가 높은 점을 기반으로 복귀 후 빠른 속도로 당을 장악했고 2002년에는 두 번째 대선후보로 나섰지만 다시 실패했다. 이 전 총재는 정계은퇴를 선언하고 역사의 뒤안길로 사라지는 듯 했지만 이후 1784일 만에 세 번째 대선도전을 선언하면서 정계로 돌아왔다. 홍준표 자유한국당 대표는 대선 패배 후 41일 만에 당권 도전을 선언하고 당 대표직에 선출됐다.

정치인에게 낙선은 '그믐'이고 '흑 역사'이기도 하겠지만 다시 의욕을 불사르는 '촉매제'가 되기도 한다. '초승달'이 떠오를 무렵에 자신이 원하는 꿈을 이룰 수도 있느니 말이다.

내 칼도 남의 칼집에 들어가면 찾기 어렵다

자신이 갖고 있는 칼도 남에게 빌려주고 나면
그 다음에는 돌려받기가 쉽지 않다는 뜻이다.

　제 것이라도 남의 손에 들어가면 제 마음대로 하기 어렵게 됨을
이르는 말로 처신과 판단의 중요성을 일깨우는 말이다.
　도널드 트럼프 미국 대통령이 취임하면서 2012년 발효된 한미 자
유무역협정(FTA)이 불공정하다며 개정협상을 요구함에 따라 2017
년 8월 22일 개정 협상에 들어가기 위한 첫 단계인 '공동위원회 특
별회기'가 서울에서 열렸다. 미국 상무장관은 2017년 6월 한미 정상
회담 직후 "우리의 대 한국 무역 불균형은 한미 FTA가 시행된 후 두
배로 늘었다"고 불만을 토로했다. 개정협상 과정에서 자동차와 철
강 등이 주된 타깃이 될 것이라고 하는 보도가 나온다. 우리 정부는

한미 FTA가 양국 모두에 이익이 된다는 점을 부각시킨다는 방침이다. 특히 미국 산업계 일각에서 한미 FTA의 전면개정에 반대하는 목소리가 나오는 것은 우리에게 유리하다는 전망도 나오고 있다.

2007년 체결된 한미 FTA는 이 속담의 의미를 일깨운다.

그 협정은 당시 우리 측 협상 대표단들이 국내 반대 단체들로부터 '매국노' 소리까지 들으며 치열하게 임한 결과였다. 당시 양국을 오가며 지난한 협상 끝에 어렵게 타결된 FTA를 발효된 지 6년 만에 미국이 손해를 입고 있다며 개정협상을 요구하고 있는 것이다.

처음부터 협상에 제대로 임했어야지 다 타결돼서 이미 시행중인 국가 간 협정을 가지고 다시 개정하자고 요구하는 것은 국제질서에도 어긋나는 행태다. 이미 남의 칼집에 든 칼이 원래 자기 칼이라며 돌려달라고 떼쓰는 것과 다르지 않다. 그렇기 때문에 제 칼을 남에게 넘길 때는 신중하고 또 신중해야 한다. 그 칼이 나를 찌르는 칼이 될 수도 있기 때문이다.

달걀도 굴러가다 서는 모가 있다

이 속담은 성격이 무던한 사람도 화가 나면 무서울 때가 있다는 뜻이다.

19대 대선의 화제 중 하나가 역대 최고를 기록한 사전투표율이었다.

당초 선거전문가들은 20% 정도의 사전투표율을 예상했지만 최종 결과는 26%였다. 언론 보도에 따르면 사전투표소 가운데 가장 많은 투표자가 몰린 곳은 인천공항이었다. 사전투표일 이틀간 1만8978명이 투표했다. 이 수치는 시간당 790명으로, 5초에 1명씩 투표한 셈이니까 그 열기를 짐작할 수 있다.

사전투표가 첫 실시된 2016년 지방선거 때보다 세 배 이상으로 늘

어난 수치다. 넓은 공항에 왜 투표장이 한 곳 뿐이냐는 항의도 많았
다고 하니 투표에 대한 국민의 열기가 뜨거웠음을 엿볼 수 있다. 과
거에도 선거일은 임시 공휴일이었지만 이렇게 까지 유권자들이 몰
린 것은 놀러가지만 투표는 반드시 하고 가야겠다는 의지가 작용한
결과로 분석된다. 바로 '투표의 재인식'이다. 이른바 최순실 게이트
를 거치면서 투표를 해야 국민의 권리를 찾을 수 있다는 아주 기본
적인 원칙을 국민이 확실하게 절감한 것이다. 올바른 정치에 대한
갈망과 기존 정치에 대한 분노가 정식 투표일에 앞서 한시라도 빨
리 내 의사를 표시해야 되겠다는 행위로 나타났다.

  그동안 많은 국민은 정치란 '정치인들의 행위'로 인식했지만 바
른 정치는 '국민의 투표 행위'임을 깨달은 것이다. 달걀도 굴러가다
서는 모가 있듯이 정치에 무관심했던 국민이 '투표가 탄환보다 강
하다'는 것을 알고 굴러가다가 그 자리에 바로 선 것이다.

  반정치(反政治)로는 아무것도 바꿀 수 없다.
  정치를 관심의 대상으로 돌릴 때 올바른 지도자도 탄생하고 민주
의 가치도 실현되는 법이다.

벌집 보고 꿀 값 내어 쓴다

벌집이 있으니 나중에 꿀 수확할 것을 미리 예상하고
돈을 가져다 쓴다는 뜻이다.

일종의 '예측 입도선매'를 비유하는 말이다.

성과가 내 손에 쥐어지지 않았는데 그걸 예단하고 그에 상응하는
행동을 사전에 하는 것을 의미한다. 비슷한 표현으로 '너구리 굴 보
고 가죽 값 내어 쓴다'가 있다.

19대 대선에서 막바지 변수로 등장한 것이 주요 후보들의 '섀도
캐비닛(shadow cabinet) 공개 여부였다. 19대 대선 당선자는 인수
위를 꾸리지 못하고 당선 직후 바로 정부를 출범 시켜야하는 현실
이라 섀도 캐비닛에 대한 국민의 관심이 고조됐다. 특히 당선 가능

성이 유력했던 문재인 후보가 대선 전 공개 가능성을 언급하며 분위기를 띄웠지만 결국 발표하지 않았다. 발표하면 '대통령이 다 된 것처럼 행동 한다'는 비난이 나올 수 있는 등 득보다는 실이 많다는 내부의견이 있었던 것으로 전해졌다. 반면 홍준표 후보는 일부 부처장관들의 이름을 거명하며 부분적이지만 섀도 캐비닛 명단을 발표하며 국정운영에 대한 자신감을 드러냈다. 안철수 후보는 섀도 캐비닛 명단 발표 없이 집권하면 대 탕평의 인사를 하겠다는 취지의 '오픈 캐비닛' 의지를 표현했다.

섀도 캐비닛의 사전 발표는 국정운영에 대해 책임지겠다는 뜻과 그 당이 보유한 넓은 인재풀의 소산일 수 있다. 국민으로부터 '벌집 보고 꿀 값 내어 쓴다'는 지적을 받을 우려가 있기는 하지만 '예측 가능한 정치 실현'이란 측면에서 시도해 볼만한 전략이다.

가는 방망이 오는 홍두깨

이쪽에서 방망이로 저쪽을 때리면 상대 쪽에서는
홍두깨로 되받는다는 의미로 남에게 해를 끼치면
그보다 더 큰 화를 입게 된다는 뜻이다.

우리가 자주 비슷하게 쓰는 속담으로 '되로 주고 말로 받는다'가
있다.

2017년 8월 21일부터 시작된 한미연합 훈련인 을지 프리덤 가디
언 연습이 열린지 이틀 만에 경기도 오산 미군기지에서 이례적인
기자회견이 열렸다. 한반도에 전쟁 상황이 발발했을 경우 군사작전
을 지휘할 미군 '전쟁지휘부' 4명이 기자회견장에 함께 선 것이다.
이들은 태평양사령관, 전략사령관, 미사일 방어국장과 한미연합사
령관 이었다. 전시도 아닌 평시에 미군의 현직 대장 3명과 중장 1명
이 한곳에 집결해 공동 기자회견을 한 건 매우 이례적이란 분석이

나왔다. 더구나 이들은 군복 차림으로 무게감을 더했다. 이들은 기자회견에서 외교적 해법으로 한반도 문제를 풀어야겠지만 북한이 외교적 해법에 호응하지 않을 경우 미 전략사령부가 보유한 북한의 도발을 억제할 수 있는 모든 자산을 한반도에 제공하겠다고 강력히 경고했다. 미군 지휘부는 이 전략자산들의 능력을 자신하고 있다며 의지를 과시했다. 한마디로 북한이 방망이를 가지고 도발하면 한미동맹은 홍두깨로 때리겠다는 결연한 자세를 보인 것이다.

북한도 미군 지휘부가 방한한 가운데 연례 한미연합훈련인 을지프리덤가디언 연습에 대해 보복과 징벌을 거론하며 위협했다. 그만큼 북한도 한반도 상황을 군사적으로 책임지는 미군 4인 지휘부의 방한을 엄중한 시각으로 받아들이고 있다는 분석이 제기됐다.

한미동맹은 분명한 메시지를 북한에게 보냈다.
대화나 외교가 아니라 북한이 군사적 도발을 한다면 그 규모에 상관하지 않고 단단한 홍두깨로 되갚아 주겠다는 의지를 천명했다. 북한은 방망이 사용에 대해 신중할 필요가 있게 됐다.

말꼬리에 붙어서 파리가 천 리 간다

다른 것의 힘을 빌려서 대단히 어려운 일을 쉽게 한다는 뜻과
보잘 것 없는 것이 남의 세력에 편승해서 일을 이룬다는 의미도 담겨있다.

사실 이 속담이 부정적인 의미로만 쓰여 지는 것은 아니다.

내 능력이 부족하다면 남의 힘을 이용해 일을 도모하는 것은 일종
의 '생존지혜'이다. 그런 사례들은 정치와 경제 분야에 무수히 많
다. '합종연횡' '동맹' 등이 그런 전략들이다. 신발은 각자 다른 것
을 신었지만 목적지는 같은 것이다. 합종연횡은 중국 전국시대 최
강국이었던 진나라에 맞서기 위해 나머지 6개국이 전개했던 외교
전략이다. 경제 분야에서도 1위 기업에 대응하려는 후발기업들이
연합전술을 구사하기도 한다.

우리 정치역사에서 1997년 이뤄진 DJP연합은 지역구도가 엄존한 정치상황에서 대권 삼수에 도전하는 당시 국민회의 김대중 총재를 대통령에 당선시킨 '신의 한수'로 꼽힌다. 김대중 총재는 자민련 김종필 총재 박태준 전 최고위원과의 연합으로 그동안 자신을 괴롭혔던 색깔론 시비를 차단할 수 있었고 호남과 수도권을 제외하고는 표의 확장성이 떨어졌던 충청과 대구 경북에서 지지세를 넓혀 당선될 수 있었다. 김종필 자민련 총재도 많은 것을 얻었다. 초대 실세형 국무총리에 취임하면서 경제부처 장관 임명권을 가졌고 지방선거 수도권 광역단체장 중 한명도 자민련이 후보를 내기로 한 것이다. 다만 16대 국회에서 논의하기로 한 내각제 개헌 약속은 지켜지지 않았다.

19대 대선을 앞두고도 자유한국당과 바른정당, 국민의당과 바른정당 등 합당얘기가 자주 나왔다. 민주당 경선에서도 이재명 후보가 후보 간 동맹을 제안하는 이른바 '우산론'을 꺼내들자 안희정 후보는 '대의도 명분도 없는 합종연횡은 작은 정치이고 구태정치'라며 반박하는 등 치열한 수 싸움이 전개됐다.

故 김대중 전 대통령의 어록에 따르면 '정치는 살아있는 생물'이고 '정치인은 서생적 문제의식과 상인적인 현실감각'이 있어야 한다. 말꼬리에 붙어서 가는 파리는 대단히 '가성비' 높은 선택을 한 것이다.

망치가 가벼우면 못이 솟는다

윗사람이 권위가 없으면 아랫사람이 함부로 윗사람을 대한다는 뜻이다.

2017년 8월 대한민국 경찰사(警察史)에 남을 만한 '지휘부 사과'
가 나왔다.

경찰 지휘부의 SNS 글 삭제 지시 의혹 논란으로 경찰조직이 내홍
을 겪자 외청 지휘권을 갖고 있는 행정안전부 장관이 경찰청을 찾
아 긴급회의를 열고 경찰 고위간부들을 공개적으로 국민 앞에 사과
를 시킨 것이다. 과거 경찰총수를 비롯한 고위 간부들은 자신들이
'사건'에 연루되거나 아니면 경찰이 진압하거나 수사한 사건이 사
회적으로 물의를 빚었을 때 사과했지만 지휘부 전체가 내부의 일로
사과하는 사례는 좀처럼 보기가 어려웠다. 당시 보도에 따르면 김

부겸 행정안전부 장관은 경찰청사로 경찰 지휘부를 소집해 경찰청장을 비롯한 참석자들에게 엄중하게 경고하고 질타 한 후 주요 지휘관들을 일으켜 세워 "차렷, 국민들께 경례"라고 구령을 해 사과를 하도록 했다.

　이 사건의 배경은 경찰청장이 2016년 11월 당시 광주경찰청이 페이스북에 올린 표현을 문제 삼으며 표현을 삭제토록 했다는 보도가 나오면서 시작됐다. 당시 광주청장은 이 청장이 심한 표현을 썼다고 주장했고 청장은 이를 부인하며 진실공방이 벌어졌다. 공개 사과 이후 경찰청장은 경찰 내부망에 서한을 올려 전 경찰에게 유감의 뜻과 송구스러움을 전달했고 비온 후 땅이 더 굳을 수도 있다는 속담을 인용하며 심기일전하자고 강조했다. 그러나 새 정부가 핵심 국정과제로 제시한 검경 수사권 조정이 진행되는 상황에

서 경찰 지휘부의 이 같은 '내분'과 '갈등'은 국민의 눈에 아직도 기득권을 버리지 못한 '권력기관의 오만함'으로 비춰질 수 있다.

일회성 '이벤트'로는 국민 신뢰를 얻기 어렵다.

잘못된 관행이 있다면 과감하게 고백하고 고쳐가는 모습을 보여 줘야 한다. 대한민국의 치안과 질서유지를 책임진 기관의 지휘관들이 동네싸움 같은 모습으로 국민의 분노를 자아낸다면 기관의 영(令)은 어디서 세울 수 있을까.

망치가 가벼우면 못이 솟는 법이다.

맹견은 짖지 않고 깊은 물은 소리가 없다. 국민의 안전과 인권을 최우선으로 하는 '수호기관'으로 거듭나기 위한 뼈를 깎는 자성이 필요한 때다.

맛없는 국이 뜨겁기만 하다

맛도 없는 음식이지만 억지로 먹으려고 하니
뜨거워서 그나마 먹을 수도 없다는 말이지만
사람답지 못한 자가 교만하고 못되게 군다는 의미도 가지고 있다.

    '빈 수레가 요란하다'는 말과 의미를 같이하고 있고 실력 없는 자가 목소리를 높인다는 뜻의 허장성세(虛張聲勢)도 비슷한 맥락이다. 이번 최순실 국정농단 사태에서 우병우 청와대 민정수석의 태도가 구설수에 올랐다. 영장실질심사를 받으러 검찰청사에 출석한 그는 한 여기자가 질문하자 그 질문이 맘에 들지 않는다는 모습으로 기자를 노려보는 장면이 화제가 됐다. 평생 법을 적용하는 엘리트 검사로 살아온 그가 영장심사에서 '청와대에서는 대통령이 법'이라며 모든 책임이 대통령에게 있다는 식의 진술을 했고 최순실의 실체에 대해서는 처음부터 끝까지 모른다는 말로 일관했다고 언론은 전했다. 대통령 주변의 친인척을 관리하는 것이 주요 임무 가운데 하나인 민정수석이 업무적으로 직무를 다하지 못했지만 인간적으로도 신의를 보여주지 못한 것이다. 국회 국정조사 출석요구에 그는 출석 요구서 송달을 받지 못했다는 이유를 내세워 장시간 출석하지 않아 당시 야당의 지탄을 받기도 했다.

　때가 되면 알곡과 가라지는 가려지게 된다.
　격변기 일수록 이기적 본성과 얄팍한 심성도 만천하에 공개되는 게 세상이치다. 맛이 없는 국이라면 최소한 뜨겁지는 않아야 한다. 그게 국민을 대하는 자세다. 우리가 흔히 알고 있는 말이지만 다시 한 번 쓰고 싶다.

　'벼는 익을수록 고개를 숙이는 법'이다.

문틈으로 보나 문 열고 보나
보기는 마찬가지

숨어서 하나 드러내고 하나 나쁜 짓은 마찬가지라는 뜻이다.

정치권만큼 동업자 의식이 발달한 곳은 흔치가 않다. 겉보기에는 나중에 뒤돌아보지 않을 만큼 죽기 살기로 싸우는 것 같지만 돌아서면 서로 격려하고 위로한다. 여든 야든 둘 다 똑같이 국민의 선택을 통과했다는 '선출직 동질성' 때문이다. 장관 후보자 청문회에서 '현역의원 불패' 신화가 지금까지 이어지고 있는 것이 이를 방증하고 있다.

또 정치권은 '거기서 거기'라는 말로 물 타기가 횡행하는 분야이기도 하다. 그래서 서로 정권이 바뀌면 '내로남불'이라고 공박하고 여도 야도 구태의연하다는 비판을 함께 받는 경우가 비일비재하다. 국민이 정치권을 이를 때 '오십보 백보'라던가 '도긴개긴'이라는 말로 싸잡아 여야를 함께 비판한다. 그러나 이런 불투명한 비판들은 정치발전을 저해한다. 누구나 다를 바 없다는 식의 동반 비판은 '정치 허무주의'를 양산시키고 여야 간 무책임의 정치 풍토가 자리 잡을 수 있다. '그놈이 그놈'이라고 비판하면 둘을 한방에 휩쓸어버리는 시원함은 있지만 본질을 묻어버리게 된다. 오십보를 간 사람과 백보를 간 사람은 일단 간 거리가 다르고 거리가 다른 만큼 체력이나 노력의 크기도 차이가 있다. 그런 의도를 분석하고 차별성을 부여하며 공과(功過)를 구분하는 것은 이성의 측면에서 대단히 중요하다.

어떤 실수와 성과를 얘기할 때 '서로 잘 못했네'와 '둘 다 애 썼네'라고 뭉뚱거리는 건 본질이나 진실을 흐리는 태도이다. 문틈으로 본 사람은 소심함속에 의도적인 측면이 약한 것이지만 문 열고 본 사람은 대범하게 자신의 의도를 드러낸 것이다.

본 것은 똑 같다고 같은 취급을 하면 죄질(罪質)의 차이가 드러나지 않는다. 차이를 인정하는 것에서 우열이 생기고 그 우열은 합리적인 선택을 하는 기준이 된다. 우리 정치도 잘잘못의 차이를 분명하게 따져야 한다. 그래야 대의 민주주의를 택한 대한민국 정치의 질이 향상될 수 있다.

뒤로 오는 호랑이는 속여도
앞으로 오는 팔자는 못 속인다

정해진 운명을 따라 살게 마련이지 그것을 거스를 수 없다는 뜻이다.

19대 대선을 앞두고 바른정당이 창당됐을 때 정치권에서 주목한 것은 과거 정당사에서 있었던 보수정당의 분열과 무엇이 다르냐는 것이었다. 대다수 전문가들은 그간 세 번 있었던(자민련·국민신당·친박연대) 보수정당의 분열은 선거를 앞두고 급조한 정당의 성격이었지만 바른정당의 출현은 당의 정책 정강에서 큰 차이를 보이고 있어 단순한 분열이 아닌 이념적 분화라고 분석했다. 즉 일회성 대형 이슈폭발에 따른 보수정당의 분열이라기보다 정치적으로나 이념적으로 퇴화된 정당이 분열을 통해 발전적으로 해체되는 과정이 아니냐는 것이었다. 그러나 예상과는 조금 다르게 당시 새누리당 의원들의 탈당규모가 초반 예측과 달리 많이 줄었고 자유한국당 후보가 대선 2위를 기록하면서 이 같은 분석은 살짝 빗나갔다.

그러나 이번 선거에서 남겨진 밑그림은 강렬했다.

19대 대선은 무엇보다도 다당제로 치러진 선거였다. 그동안 한국 정치를 지배해 온 건 사실상의 거대 양당체제였다. 그 과정에서 나머지 정당들은 그 양당 옆에 선 들러리 신세였고 대선에서 유의미한 득표를 획득한 적은 거의 없었다. 19대 대선은 달랐다. 단순히 여러 명의 후보가 출마해 완주했다는 차원이 아니라 출마자와 주요 정당들이 다당제적인 선거운동을 벌였고 유권자들도 이에 걸 맞는 다양한 정치수요를 보여준 것이다.

이러한 현상들이 실질적인 다당제의 가능성을 여는 단초인가 하는 점은 아직도 의문부호다. 그러나 분명한 것은 과거 실질적인 양당제체에서 유권자들은 이것 아니면 저것 둘 중에 하나를 강요받았지만 다당제가 정착한다면 이념적 스펙트럼도 넓어질 뿐 아니라 다양하고 소수적인 의제들도 정치의 전면에 등장할 수 있게 됐다. 양이 늘어나면 언젠가는 질적 변화가 따르기 마련이다. 다당제적 정치가 반드시 양당제적 정치보다 우월한 것은 아니다. 그렇지만 갈수록 다양해지고 진화하는 문명사적 발전 단계를 양당제가 수용하기는 쉽지 않은 일이다.

그동안 양당제 정치가 뒤로 오는 호랑이였다면 다당제 정치는 앞으로 오는 팔자인지도 모른다. 거대담론도 중요하지만 사소한 일상도 국민에게는 소중하다. 사람을 피로하게 하는 것은 멀리 있는 높은 산이 아니라 신발 속에 들어있는 작은 돌일 수도 있다.

밥 위에 떡까지 얹었네

밥도 반가운데 그 위에 떡까지 있어 더욱 좋다는 의미다.

한자에 금상첨화(錦上添花)라는 말이 있다.

비단 자체도 아름다운데 거기에 꽃까지 더하니 더더욱 아름답다는 뜻이다. 19대 대선은 문재인 대통령의 당선으로 마무리 됐지만 과정에서 결코 허투루 볼 수 없는 장면들이 많았다.

2017년 초 대선 판에 몸을 던졌던 반기문 전UN사무총장이 전격적으로 사퇴하면서 싱거워질 것 같았던 대선 구도가 더불어민주당 경선에서 미묘한 긴장감이 감돌며 이목이 쏠렸다. '충남 엑소'로 불린 안희정 후보가 대통합을 내세우면서 보수진영의 표심까지 끌어안으며 돌풍 조짐을 보여 당시 문재인 후보 진영을 긴장시켰다. 거의 무명에 가까웠던 이재명 후보도 특유의 '사이다' 발언을 앞세우며 유의미한 선전을 했다. 본선에서는 바른정당의 유승민 후보가 돋보였다. 10% 미만의 지지도 속에서 자유한국당으로부터 선거기간 내내 '단일화 요구'에 시달렸지만 꿋꿋하게 완주해 한국정당사에서 보수정당도 가치와 이념을 기반으로 한 분화 가능성을 보여줬다.

19대 대선은 단순히 여야의 정권교체가 이뤄진 선거가 아니다. 향후 대한민국 정치의 새로운 자산과 세대교체의 희망이 나온 선거다. 다양성이 부족했던 한국정치에 가능성과 콘텐츠까지 갖춘 정치인들이 대거 선을 보인 선거였다. 그들 중 누가 밥이고 누가 떡인지는 모르지만 서로 간 정치적 '보완재'가 될 것은 자명해 보인다.

선거는 인물 간 싸움이기도 하지만 후보들이 선택한 가치들의 대결이기도 하다. 정치발전이라는 측면에서 '금상첨화'라고 여길 만하다.

이 아픈 날 콩밥 한다더니

이가 아픈 상황에 씹기 힘든 콩밥을 했으니
곤란한 처지에 있는 사람에게
더 곤란한 상황이 생긴 걸 비유적으로 이르는 말이다.

우리말로는 엎친 데 덮친 격이란 표현이 있고 사자성어로는 설상가상(雪上加霜)이 있다.

문재인 정부 출범 이후 국민의당은 지지율이 한 자릿수로 빠지는 상황에서 문준용씨 의혹제보 조작 파문이 덮쳐 당이 위기국면에 봉착했다. 여기에다가 당 소속 의원의 학교 급식노동자와 관련한 발언 파문이 일면서 그야말로 '멘붕'에까지 이르렀다. 화불단행(禍不單行)이었다. 이 말은 재앙은 하나에 그치지 않고 잇달아 온다는 뜻이다.

바른정당은 그야말로 내홍으로 인한 속앓이가 이어졌다. 당의 지지율 반등기미가 없는 시점에서 자유한국당과 국민의당으로부터 잇단 러브콜을 받고 있지만 자세히 보면 '흔들기'로 보인다. '자강론'이 승한것 같기는 하지만 '통합론'의 기세도 만만치 않다. 이런 극심한 내홍이 당의 기반 나아가 개혁보수의 싹을 잘라낼 수도 있다.

치아가 좋을 때는 콩밥을 먹어도 되지만 이가 아플 때는 치명적인 고통이 된다. 제 3의 야당과 제 4의 야당의 입장에서는 먼저 이가 아프지 않기를 바라야겠지만 그렇지 않다면 밥이나 죽을 먹는 정치상황을 만들어 갈 필요가 있다.

잔고기 가시가 더 센 법

작은 물고기의 가시가 큰 물고기 가시보다 더 세다는 말로
덩치가 작다고 우습게 보지 말라는 의미다.

19대 대선은 각종 기록을 많이 남겼다. 후보당 득표수는 소속 정
당의 의석수 순서로 한 기호 순번과 정확히 일치했다. 즉 1위부터 5
위까지의 득표순서는 각 정당의 의석수와 정비례 한 것이다. 이는
각 후보의 득표에는 해당 정당의 조직력이 연계가 됐을 것이란 추
론이 가능하다.

그 가운데 흥미를 끄는 결과가 하나 있었다.
국회의원 의석수 대비해서 각 당의 득표수를 환산한 결과 1위를
차지한 정당은 정의당이었다. 의석수에 대비한 득표수로만 따지면

이번 대선의 1위는 전체 5위를 한 정의당 심상정 후보다. 심 후보는 총 득표수를 소속 정당 의석수로 나눈 '1인당 득표 견인'에서 33만 6,243표를 얻어 1위로 집계됐다. 득표율 6.2%의 정의당은 출마 정당 중 유일하게 소속 의원 1인당 1%가 넘는 득표율을 기록하는 기염을 토했다. 정의당 의석수는 6석이다. 반면 소속의원이 107명인 자유한국당은 의원 1인당 7만3,391밖에 획득하지 못해 최하위를 기록했다. 국회의원 의석수가 많다고 표도 많이 끌어오는 것이 아니라는 점이 입증된 것이다.

정의당이 약진한 원인은 여러 가지가 있을 것이다.

심 후보가 TV 토론에서 선전을 한 것이 지지율 상승을 견인한 가장 큰 이유겠지만 기성 정치권에 대한 분노와 반발도 상당 부분 한몫을 했다는 분석도 있다. 국민의 강렬한 개혁 요구가 정의당의 약진에 일정 부분 기여한 것으로 봐야 한다는 것이다. 큰 고기의 뼈가 셀 것이라고 지레 생각하는 건 편견이다.

잔고기 가시가 더 세다는 걸 정의당이 이번 대선에서 보여줬다.

산 좋고 물 좋고 정자 좋은 곳 없다

모든 경치를 다 갖춘 곳은 없다는 말로
전체를 만족시키기는 어렵다는 뜻이다.

선거에서 후보들의 동선(動線)은 전략이고 메시지다.

동선을 보면 후보들의 의도와 생각이 읽히는 것이다. 특히 대선처럼 한명의 후보가 전국을 다 누벼야 할 때에는 전략적인 선택과 집중을 할 수밖에는 없다. 즉 유권자가 많거나 후보의 출신지역 등 공을 많이 들여야 할 곳에는 더 방문하고 정성을 들여도 표가 많이 나오지 않을 곳에는 집중을 덜 하는 것이다.

19대 대선에서 모든 후보들이 적어도 한 번씩 방문한 지역은 '영남'이었지만 수도권에서 공통적으로 가장 많은 시간을 보냈다. 이번 선거에서 영남은 주요 정당의 후보들이 모두 인연을 맺고 있기 때문에 격전지로 부상한 것이다.

문재인 후보는 가장 많은 표가 모여 있는 수도권에 집중했다. 유세현장으로는 거리, 특히 광장을 많이 찾았다. 당선 후 광화문 정부로 불린 이유가 그때부터 연관이 있는 것으로 보여 진다. 홍준표 후보는 수도권과 경상권을 공략했다. 유세 장소로는 '전통시장' 한곳만 팠다. 18일의 유세기간 동안 17차례나 방문했다고 하니 '전통시장 후보'로 불릴 만 했다. '서민'과 '흙 수저' 이미지를 부각시키려는 전략으로 분석됐다. 안철수 후보도 '시장'을 선호했지만 유세장소로는 거리와 각 단체, 기관도 많이 찾았다. 이른바 '빅 3후보'의 동선을 보면 안 후보는 호남에서 문 후보와 경쟁을 벌였고 영남에서는 홍 후보와 각축을 벌이는 상황을 연출했다. '산토끼(영남)'와 '집토끼(호남)'가 다 필요했던 안 후보의 절박한 모습이 반영된 것으로 분석된다.

후보들 입장에서야 전국을 다 다니고 싶고, 가는 곳마다 표가 많이 나오기를 희망하겠지만 그것을 다 만족시키는 동선은 없다. 우리가 여름 휴가지를 찾아다닐 때도 산 좋고 물 좋고 정자 좋은 곳 찾기가 정말 쉽지 않다.

세 곳 중에 한 두 곳만 좋아도 고마울 따름이다.

석수장이 눈깜짝이부터 배운다

일의 내용보다 외형에 먼저 관심을 두는 사람을 의미한다.

석수장이는 돌을 깎아서 물건을 만드는 장인(匠人)을 하대해서 부르는 이름이다.

석공이나 석수는 돌을 깎거나 내려칠 때 돌 조각이 눈에 튀어 오르니까 돌을 치는 즉시 눈을 감게된다. 그러나 이 기량은 일을 하다 보면 자연스럽게 숙련되는 것인데 일을 처음 배울 때 눈 감는 것부터 배우는 걸 비꼰 것이다.

이른바 최순실 게이트 국회 국정조사 청문회가 진행 되던 2016년 겨울에 우리 국민은 배우라는 일은 배우지 않고 눈깜짝이부터 배워

선과 후가 뒤바뀐 '주요인사'들을 많이 보았다.

그 사태와 관련된 주요 증인들은 국회에 출석해 '모른다'와 '기억에 없다'로 일관했다. 어디서 많이 보던 풍경이 아닌가. 내가 과문한 탓인지 국회에서 청문회 제도가 도입된 이래 '내가 시켰습니다' '내가 지시했습니다' '내가 몸통입니다'라고 시인한 증인이 기억나지 않는다. '모른다'와 '기억에 없다'는 단골메뉴 외에도 자료제출 지연, 출석요구서 수령 거부, 불출석 사유서 제출 등 각종 수단까지 등장했다.

이런 수법들은 다 어디서 배우는 것일까.

그래서 청문회가 끝나면 청문회 무용론이 제기되기도 한다. 그러나 국민은 그들이 언어로 말하지 않아도 비언어적인 신호들을 잡아내 그들의 혐의에 대한 심증을 굳힌다. 이른바 '동공지진' '입술에 침바르기' '눈 깜박이기' 등이다. 그들은 '법꾸라지'의 기량을 발휘해 청문회 제도란 '법망'을 통과했는지는 모르지만 국민의 질타라는 '천라지망(天羅蜘網)'을 빠져나가지는 못했다.

인간은 자신의 명성을 높이기 위해, 이득을 얻기 위해, 처벌이나 손해를 피하기 위해 거짓말을 한다.

무릇 국가를 운영하는 최상위의 위치에 오른 인사들이 국민을 공적으로 대할 때는 그에 걸 맞는 예의를 갖춰야 한다. 공직을 마무리

하고 일반인의 신분이 되었다 하더라도 공직에 재직할 때의 일에 대해서 소명 할 때는 광의의 개념으로 보면 '공공성의 영역'에 있는 것이다. 자신의 본분보다 빠져나가는 '기술'을 앞세워서는 안 된다.

이별에도 예의가 있는 법이다.

장은 파장인데 국은 한 솥이다

시장은 끝나 가는데 국밥집의 솥에는 팔지 못한 국이 가득 있다는 말이다.

2017년 7월 22일 문재인 정부의 첫 추가경정예산안(추경)이 진통 끝에 국회 본회의를 통과했다. 추경안이 국회에 제출된 지 45일 만이었다. 45일의 기간은 험난하고 가팔랐다. 자유한국당 의원들은 본회의 직전까지 추경안을 반대하며 투표 직전 회의장을 떠났다 복귀하는 등 마지막까지 진통을 거듭했다. 추경을 둘러싸고 여야는 일종의 '기 싸움'을 전개한 것이다. 추경의 최대쟁점은 중앙 공무원 인력 증원 문제였지만 이는 표면적일 것일 뿐 여당은 새 정부 출범 후 '첫 작품'임에 의미를 두었고 야당은 새 정부 '길들이기'에 방점을 찍었다. 추경은 자유한국당이 끝까지 반대를 했기 때문에 여당이 국민의당과 바른정당의 막바지 협조를 이끌어내지 못했다면 '추경전쟁'의 평행선은 멈추지 않을 수도 있었다. 장은 끝나가는 마당이지만 국밥집의 국은 한 솥이 그냥 남을 상황이었다.

한국정치는 벼랑 끝 타협이나 합의가 많이 이뤄졌다. 그 이유는 서로 양보하는 합의를 도출해가는 '절충안' 보다 '모 아니면 도' 식으로 이뤄지는 정치문화가 더 익숙하기 때문이다. 군사독재에서 6·29 선언에 이르기까지 한국정치의 민주화 과정은 세계가 부러워하는 큰 자산이다. 그 과정에서 직접 민주주의의 가치를 온 몸으로 체득했기 때문이다. 그 자산은 촛불정신으로 이어졌다. 그러나 부정적인 유산도 함께 남겼다. 바로 이분법적 진영사고다. 진영 간의 전쟁은 합리적 토론 대신 선동을 우선하게 되고 타협보다는 큰 목소리가 일상화 된다. 자기가 속한 진영에 대해서는 한없이 관대하고 상대진영에 대해서는 더없이 가혹하다. 그 과정에서 폭력적 사고, 빈곤한 철학, 붕괴된 논리, 모순된 행동이 나타난다. 정치가 '사실'의 궤도를 벗어나 '인식'의 프레임 속으로 탈선하는 것이다.

정치는 약육강식의 사냥터가 아니라 대한민국이 더불어 살아가는 공동체의 기본가치를 만드는 분야다. 정치가 여야 간 '치킨 게임'으로 치달으면 결국 파국이 오고 장은 그냥 끝나게 된다. 장이 끝나면 국민이 먹어야 할 솥 안의 국은 손도 못 대고 그냥 남게 되는데 그건 국민에 대한 도리가 아니지 않는가.

참깨 들깨 노는데 아주까리 못 놀까

남들도 다 하니까 나도 편승해 한몫 끼어 하자고 나선다는 의미다.

선거는 기본적으로 세 과시다.

후보가 유권자에게 어필해야 하는 상품이므로 선거운동은 '마케팅'이며 '선전'이고 '광고'의 과정이 된다. 음식점에도 사람들이 많이 줄을 서 있으면 지나가다가 다시 보게 되듯이 후보의 세 과시는 유권자들의 눈길을 끌게 된다. 이를 선거용어로 '밴드왜건 효과((Band wagon effect)'라고 한다. 원래는 특정 상품에 대한 어떤 사람의 수요가 다른 사람들의 수요에 의해 영향을 받는 현상을 지칭하는 경제용어였지만 선거에서는 특정후보에 대한 과시용으로 이른바 '대세론'에 활용하기도 한다.

30년 전인 1987년 제 13대 대선을 앞두고 당시 노태우 민주정의당 후보가 개최한 서울 여의도 유세에 엄청난 인파가 몰렸는데 당시에는 이를 100만 명으로 추산했다. 기존 선거에서 청중동원과 인파대결은 전통적인 세 과시 유형이었다. 그러나 19대 대선은 '오프라인' 보다 '온라인'이 대세인 선거로 평가받았다. 지난 대선까지는 후보를 홍보했던 수단에 불과했던 SNS가 이번에는 선거운동을 대체할 정도의 파괴력을 보였다. 주요 5당 후보들은 적은 수의 유권자를 한번 만나더라도 후보들의 장점을 드러낼 수 있는 만남을 기획하고 이를 '온라인 생중계' 했다.

　'함성'보다 '스토리'가 더 중요해진 것이다.
　누군가 지금은 설동설(舌動設)의 시대라고 말했다. 지구는 이야기(story)를 중심으로 돈다는 뜻인데 그만큼 스토리와 콘텐츠가 중요하다는 의미다. 그간 SNS는 젊은 세대만을 위한 홍보수단으로 인식됐지만 이번 대선에서는 40대에서 60대까지 맞춤형으로 제작, 확산됐다. SNS는 후보들의 약점을 보완해주는 좋은 수단으로 활용되는데다 방송광고, 거리유세 등에 비해 비용도 저렴한 편이다. 특히 SNS 선거전의 효과와 장점은 유권자들의 직접참여와 정비례하는 열기로 나타나기 때문에 앞으로 더욱 중요하게 인식될 전망이다. 그동안 안방손님 이었던 참깨(세 과시) 들깨(오프라인 홍보)보다는 별 볼일 없이 취급됐던 아주까리(SNS)가 더 우대받는 시대가 되지 않을까.

천석꾼에 천 가지 걱정,
만석꾼에 만 가지 걱정

재산이 조금 있으면 조금 있는 대로 걱정,
많이 있으면 많이 있는 대로 걱정이라는 뜻으로
누구에게나 조금씩의 걱정거리는 다 있다는 의미다.

'가지 많은 나무에 바람 잘 날 없다'는 말과 비슷한 의미다.

2018년 지방선거를 앞두고 있는 상황에서 여야의 셈법과 각 정당의 속내가 엇갈리면서 정치적 계산과 득실을 저울질하는 모습이다.

여당인 더불어민주당은 호남과 대구·경북에까지 당선자를 내겠다는 전략이고 자유한국당은 보수의 심장인 대구·경북을 사수하고 경남·북 벨트도 지켜야 하는 절박한 입장이다. 국민의당은 광주 승리가 최대 현안으로 떠올랐다. 광주를 지켜내지 못하면 당의 존립마저 흔들린다는 위기감이 고조되고 있다. 바른정당도 5당 체제의 선거에서 당의 존재감을 드러내지 못한 채 민주당과 한국당의 사이에서 고전하다가 허무하게 개혁보수의 실험이 마무리 될 수 있다는 우려도 나온다. 지금은 당 소속의 지사가 경기와 제주에 포진해 있어 2명의 광역단체장을 보유하고 있지만 그 결과가 어떻게 될지 예단하기는 어렵다.

민주당은 여당으로서 책임 있는 국정운영을 위해 지역 구도를 뛰어넘는 다수의 광역단체장을 확보하는 것이 목표지만 한국당은 보수진영을 대표하는 정당으로 살아남는 게 당면 과제다. 국민의당과 바른정당은 정치권에서 솔솔 흘러나오는 합당론이 부담스럽다. 이른바 두 당의 합당을 통한 제 3지대 팽창론인데 잘못하다보면 양당의 지지층 모두에게 외면 받을 수 있는 위험도 있다.

여당은 여당대로 고민이고 야당들은 걱정이 산더미다.
천석꾼은 천 가지 걱정, 만석꾼은 만 가지 걱정이라는 말이 실감나는 대목이다.

한집에 살면서 시어미 성 모른다

같이 생활하는 친숙한 사이에서 당연히 알고 있어야 할 것으로
모르는 경우를 비유적으로 이르는 말이다.

등잔 밑이 어둡다는 의미의 등하불명(燈下不明)과 비슷한 맥락
이다.

유사한 속담으로는 '머슴살이 삼년에 주인 성 묻는다'가 있다. 필
자가 신문사 정치부 기자를 하던 1999년 무렵에 접한 이야기다. 지
역구를 잘 챙기기로 소문났던 한 국회의원이 그날도 지역구에 상을
당한 집을 하나씩 다니다가 밤이 깊어 어느 초상집에 문상을 다녀
와서 다른 집으로 이동하며 비서에게 물었다고 한다. "그런데 내가
조금 전 들린 초상집에는 누가 죽은 거지?"라고. 수많은 초상집을
다니면서 상주들과 술잔 주고받다 보니 정작 누가 고인이 됐는지

모른 거다. 웃자고 만든 소리가 아니라 실화다. 같은 집에 살면서 시어미 성 모른 것과 무엇이 다른가.

2005년 개정된 통합선거법은 돈 먹는 하마의 구조였던 대한민국 정치풍토를 확 바꿔 놓았다. 그해 개정된 공직선거법 114조는 국회의원·지방의회의원·지방자치단체의 장·정당의 대표자·후보자(후보자가 되고자 하는 자를 포함한다)와 그 배우자는 당해 선거구 안에 있는 자나 기관·단체·시설 또는 당해 선거구밖에 있더라도 그 선거구민과 연고가 있는 자나 기관·단체·시설에 기부행위(결혼식에서의 주례행위를 포함한다)를 할 수 없다고 했다. 공직선거 관련 기부행위를 법으로 제한한 것이다.

이 법이 시행되자 국회의원은 비로소 수많은 결혼 주례요청과 과다한 경조사비에서 해방이 됐다. 물론 지역구 경조사 활동은 지역주민과의 소통이나 여론수렴을 위해서는 좋은 일이지만 그 곳에 '빈손'으로 갈 수 없다는 것이 문제였다. 그로인한 돈 때문에 검은 돈의 유혹에 빠질 수 있는 우려에다가 주말은 거의 '경조사 순례'가 정치인들의 일상으로 여겨졌다. 이 법으로 인해 좀 더 시간을 의정활동에 더 활용할 수 있게 된 점은 국민과 국회의원이 함께 받은 '정치적 보너스'였다.

간다간다 하면서 아이 셋 낳고 간다

그만두겠다고 늘 말은 하면서도 정작 그만두지 못하고
질질 끄는 경우를 비유적으로 이르는 말이다.

이 속담에는 두 가지 의미가 있다.

한마디로 우유부단(優柔不斷)이다. 어물어물하고 딱 잘라 결단을
못하는 것을 말한다. 또 하나는 어떤 일을 하겠다고 늘 말을 하면서
도 실행하지 못할 때도 쓴다. 수서양단(首鼠兩端)격이다. 거취를 결
정하지 못하고 망설이는 모양새를 이른다.

우유부단과 수서양단 어떤 경우라도 정치지도자에게는 치명적인
약점이다. 이제는 세력으로 싸움하는 정치시대가 아니다. 미디어
정치, 이미지 정치, 비주얼의 시대다. 누구라도 우유부단하게 우물

쭈물하는 모습으로 국민에게 비쳤다가는 바로 정치적 사망선고를 받는다. 이미지가 힘을 가지려면 진정성 있는 행동이 뒷받침 되어야 한다.

선출직 리더란 어떤 의미에서 본질적으로 승부사다.
일본 사무라이 세계에서도 진검승부의 첫 번째 수칙은 '머뭇거리지 마라'라고 한다. 내가 가진 칼이 짧다면 한 발 더 다가서면 된다. 특히 대선 출마를 꿈꾸는 잠룡들은 '결단의 승부사'가 돼야 한다.

프로야구에서 '야신'으로 불리는 김성근 감독은 "결단은 모든 것을 얻겠다는 마음이 아니다. 오히려 얼마나 과감하게 버릴 수 있느냐에 달렸다"고 말했다. 가기로 했으면 가야한다.

결단의 타이밍이란 '핀을 뽑은 수류탄'과 같은 것이다.

병든 주인이 성한 열 머슴보다 낫다

몸이 성치 않는 주인이 기운이 센 머슴들보다도 일을 잘한다는 뜻이다.

성한 머슴이라고 하면 젊고 기운이 넘치는 일꾼일 가능성이 높다. 병든 주인이면 조선시대라는 걸 감안 하더라도 최소한 40대 이상일 텐데 왜 젊은 머슴 보다 일을 잘할까. 그 해답은 바로 '주인의식'에 있다. 건성으로 일해도 시간만 지나면 월급이나 그 시간에 상당하는 대가를 받을 수 있다는 소극적 자세인 '나그네 의식'은 열 명이 모이더라도 일의 효율성이 나올 수 없다. 반면 '내 것'이라는 '주인의식'은 매사에 최선을 다하면서 능동적인 태도를 지닌다.

정당은 선거로 유지되는 기관이다.

선거에서 이기면 대통령도 배출하고 여당의 지위도 누리지만 지게 되면 모든 것이 바뀐다. 국가에서 주는 보조금도 줄어들고 당에서 근무하는 직원들의 구조조정도 해야 하는 상황이 올 수도 있다. 당에서 근무하는 대다수 당직자들은 공채 형식으로 들어온 사람들이어서 당에 대한 애착심이 강하다. 선거가 임박하면 당은 선거체제로 전환해 선거대책위원회가 꾸려지고 여기에 주요 인사들을 임명하는데 이 자리는 주로 현역 국회의원들 가운데 중진급이나 외부 명망가들이 맡게 된다. 선거는 한마디로 비상상황이다. 24시간 체제로 운영되면서 팽팽한 긴장감만이 감돈다.

이럴 때 당직자들의 사명감은 빛을 발한다. 잠시 선대위 고위직을 맡은 사람들은 '자신의 정치'를 위해 눈도장을 찍고 언론 플레이를 하는 등 외부 노출에 몰두하는 경우가 많지만 당직자들은 묵묵히 자신이 맡은 일을 수행하며 '숨은 일꾼'으로서 진가를 발휘한다. 당은 이들의 일터요, 자신들의 꿈을 펼칠 수 있는 기반이기 때문이다. 고되고 힘들더라도 지친 몸을 이끌고 성한 열 머슴보다 더한 '주인의식'을 보여준다. 이런 자세와 헌신성을 기반으로 일부 당직자들은 당의 공천을 받아 당당히 국회의원이나 지자체 선출직으로 당선되기도 한다. 각 당의 중진정치인 중에는 당직자 출신들이 많다.

'주인의식'이야말로 존재의 가치를 증명하는 힘의 원천이다.
자신이 가진 능력의 극대화를 이루는 '삼손의 머리카락'이다.

기와 한 장 아끼려다 대들보 썩힌다

작은 것을 아끼려다 오히려 큰 것을 잃게 되는 것을 말한다.

사자성어로는 소탐대실(小貪大失)이다.

원숭이 잡는 방법을 소개한다.

'남태평양이나 아프리카에서는 코코넛 나무에 원숭이 손이 들어갈 정도의 구멍을 뚫고 그 속에 땅콩이나 과자를 넣어서 나무에 묶어 놓는다. 그러면 원숭이가 냄새를 맡고 다가와서 코코넛 속에 있는 땅콩을 꺼내겠다고 손을 쑤셔 넣고 땅콩을 한줌 쥔다. 일단 주먹 쥔 손은 그 구멍으로 빠져나오지 못한다. 땅콩이 아까웠거나 일단 잡은 것을 놓았다가는 큰일 날 것 같아서 혹은 그렇게 주먹을 쥐고 있는 자체가 자기를 얽매고 있다는 사실 조차 몰라서 손을 펴지 못

112

한 채 그대로 붙들려 있게 된다. 그러면 원숭이 사냥꾼이 유유히 다가와서 원숭이를 사로잡게 된다.' (오강남·〈움켜쥔 손을 펴라〉)

정치에서 이런 일은 자주 발생한다.

2012년 총선에서는 민주당 후보로 영입돼 출마했던 김용민 후보의 과거 부적절한 발언이 문제가 되며 총선 이슈로 급부상하는 일이 있었다. 당시 진보진영 일부에서도 김 후보를 사퇴시키고 논란을 진화해야 한다는 목소리가 있었지만 김 후보는 끝까지 완주했다. 당시 총선 결과를 보면 새누리당은 과반 의석을 확보했다. 언론에서는 김용민 후보의 완주가 민주당의 수도권 접전지역 결과에 악영향을 끼친 것으로 분석했다. 2016년 총선에서는 새누리당에서 친박과 비박과의 계파싸움으로 인한 공천과정이 총선결과에 많은 영향을 준 것으로 나타났다. 김무성 전대표의 이른바 '옥새 나르샤' 파동과 진박 감별 소동 등이 새누리당의 참패요인으로 지적됐다. 과도한 자신감과 특정인에 대한 공천 고집이 전체 선거에 악영향을 준 사례들이다.

인생에서는 욕심을 버려야 한다.

손을 놓아야 산다. 작은 것에 집착하다가는 정말 소중한 것을 잃고 마는 법이다. 바둑에 있어서도 승패를 좌우하는 것은 대부분 묘수가 아니라 흔히 패착이라고 부르는 '악수'다.

소가 힘 세다고 왕 노릇 하랴

외형만으로 판단할 수 없고 힘센 것만이 능사가 아니라는 뜻이다.

스포츠계에서 정설처럼 통하는 두 가지 말이 있다.

첫 번째, 모든 스포츠를 막론하고 강팀은 경기 후반에 강하다. 두 번째, 진짜 강팀은 연승을 하는 팀이 아니라 연패를 당하지 않는 팀이다. 어디 스포츠만이 그럴까. 인생 모든 것이 다 그렇다. 전쟁에서도 강한 부대란 기세가 올랐을 때 질풍처럼 휘몰아쳐 적을 섬멸하는 능력을 가진 쪽 보다는 곤란한 지경에서도 무너져 내리지 않고 끝까지 대오를 유지하는 쪽을 말한다.

한국축구의 해묵은 과제 중 하나가 '킬러'의 부재다.

통상 축구에서는 공격수 가운데 10경기에서 4골을 뽑는 결정력을 지녀야 이른바 킬러라고 부른다. 세계적인 킬러들의 공통성은 철저하게 골에 집중하는 '냉정함'과 모든 수단과 방법을 동원해 골을 성공시키는 '유능함', 나비처럼 날아가 벌처럼 쏘는 듯한 '민첩함' 등이다. 또 하나 더한다면 반드시 내가 해결한다는 '이기심'도 킬러 덕목에 포함된다고 한다. 킬러의 슛은 차는 것(kick)이 아니라 갖다 대는 것(touch)이라는 말도 있다. 축구도 힘으로 하는 것이 아니라 축구 지능과 훈련으로 습득된 무의식에서 만들어지는 것이다.

정치에서도 그렇다.

대선이 끝나고 새 정부가 들어서면 이후 5년간은 잠룡(潛龍)의 시대가 열린다. 각 언론에서는 차기 대통령은 누가 될 것인가의 기사를 쏟아내며 유력 정치인들은 분석하고 가능성을 점치며 비교에

115

들어가기도 한다. 그러나 시간이 흘러 대선이 임박해 오면 당초 유력시됐던 후보군들보다는 새로운 후보가 혜성처럼 나타나 후보 자리를 꿰차는 경우가 많다. 처음에 유력하게 거론되는 정치인들에게는 대다수 자신을 따르는 이른바 계보의원들이 상당하고 당내 세력도 제법 크게 형성된 경우들이 많다. 그러나 체격이 크면 몸이 둔한 법.

5년 이라는 준비기간을 이겨내는 것은 세력이 아니라 국민들의 열망을 읽어내는 눈과 그 타이밍을 포착하는 능력이다. 시대의 비전과 가치를 파악해 낸 정치인들이 새로운 지도자로 올라서는 것이다. 싸움판에서 진짜 고수는 현란한 동작을 취하지 않는다. 단지 상대방의 급소를 찌를 뿐이다.

그래서 꿩 잡는 것이 매다.
꿩을 잡지 못하는 매는 더 이상 매가 아니다.

제 여자 바뀐 건 모르고
젓가락 짝 바뀐 건 안다

자신의 반려가 바뀐 것은 모르고
밥상의 젓가락 짝이 맞지 않는다는 건 안다는 뜻이다.
'뭣이 중헌디'의 속담 버전이다.

눈앞의 이익에 급급해 숲을 보지 못할 경우 정작 중요한 것을 놓칠 수 있다.

2017년 5월 19대 대선을 앞두고 바른정당을 탈당해 자유한국당에 다시 돌아왔던 12명의 국회의원들이 정치권의 화제를 모은 적이 있다. '새로운 보수'의 기치를 내걸고 자유한국당을 탈당해 바른정당 창당에 이름을 올렸던 의원들이 대선을 코앞에 두고 갑자기 그 당 후보의 리더십에 의문을 제기하고 대선승리를 위한 '보수 통합'을 이유로 내세우며 도로 탈당해 한국당으로 귀환한 것이다. 당시 더

불어민주당에서는 '세계 정당에 없었던 일'이라고 힐난했고 국민의
당에서는 '탄핵의 선봉에 섰다가 다시 돌아가면 국민들 보기 부끄
럽지 않느냐'고 쏘아 붙였다.

이후 분위기가 이상하게 돌아갔다. 당시 언론보도를 종합하면 바
른정당에 국민들의 격려와 성원이 쏟아지면서 자발적인 당원가입
이 늘어났고 후원금도 쇄도했다고 한다. 자유한국당 측에서는 기존
의원들의 반발이 이어지면서 한때 이들이 공중에 붕 뜨는 것 아니
냐는 우려마저 흘러나왔다. '계파 패권주의 청산' '친박 청산' 등
을 외치며 자유한국당을 탈당해 새로운 보수정당을 창당했던 의원
들이 다시 돌아온 속내와 이유는 제각각일 것이다.

그러나 그들이 본 건 눈앞의 밥상에 바뀐 젓가락이고 그 밥상을
정성스레 차려주는 '조강지처'가 바뀐 것은 보지 못한 건 아닌가 싶
다. '뭣이 중할까'

덕담도 여러 번 하면 악담이 되고,
책망도 자주하면 원망이 된다

좋은 말도 너무 자주하면 듣기가 싫고
잘못도 자주 지적받으면 한이 맺힌다는 말이다.

'좋은 음악도 세 번 이상 들으면 양재기 긁는 소리 난다'는 우스개 소리가 있다.

19대 대선 이후 더불어민주당 추미애 대표의 날선 발언들이 정치권에서 뜨거운 이슈가 됐다. 추 대표는 국민의당 '제보조작' 사건이 불거졌을 때 이른바 '머리 자르기' 발언으로 국민의당과 벼랑끝 대치를 벌였다. 이로인해 국민의당에서 '추'자가 들어 간 것은 다 반대한다는 입장에 따라 '추경' 국회가 막히기도 했다.

결국 임종석 청와대 비서실장이 '대리 사과'라는 '스리쿠션 기술'을 통해 경색된 정국을 풀었다. 추 대표는 '민심에 배치된 정당은 자연 소멸할 것'이라고 국민의당을 향해 굵은 소금을 다시 한 번 뿌린데 이어 정호승 시인의 시 '바닥에 대하여'를 SNS에 올려 국민의당에 우회적인 비판을 이어갔다. 추 대표가 이 같은 강성발언들을 통해 얻고자 하고 의도한 지점이 어디인지는 다 속내가 있을 것이다.

판사 출신 5선 의원인 추 대표가 '말하는 법'을 알지 못해 이런 표현들을 쓰지는 않을 것이다. 그러나 정치인 추미애의 의도가 무엇이든 그 발언들이 원활한 국정운영과 원만한 대야관계에 부담을 준다면 당 대표로서 자제하는 것이 바람직하지 않은가 하는 생각이 든다. 더 큰 정치를 꿈꾼다면 '공격'과 '지적' 보다는 '포용'과 '협치'의 방식이 더 낫지 않을까.

정치인들의 이슈 제기는 세상을 경계 짓는 일이다. 무엇이든 적당한 선을 넘지 않는 것, 이른바 '경계의 예술'이기도 하다.

정치는 '종합 예술'이다.

성미 급한 감 장수 유월 감 판다

마음이 앞서는 감 장수는 가을을 기다리지 못하고
설익은 유월 감 따서 판다는 말이다.

    문재인 정부 출범 후 사회적으로 가장 큰 논란을 낳은 사안 가운데 하나가 원전 정책에 대한 공론화 시도다. 신고리 원전 5.6호기 공사 중단이 표면적인 이유지만 근본적으로는 문재인 정부의 대선 공약이었던 탈원전 정책을 둘러싸고 여야가 맞붙고 국론도 양쪽으로 갈라졌다. 논의 주체인 공론화위원회의 법적 지위에 대한 논란과 '절차 논쟁'도 뜨거웠던 가운데 결국 3개월의 숙의과정을 마친 공론화위원회는 "신고리 5.6호기 건설을 재개하는 정책 결정을 정부에 권고한다"고 발표했다. 시민참여단 471명의 최종 4차 공론조사 결과 건설재개는 59.5%, 중단은 40.5%로 19%포인트 차이가 났다.

공사재개로 결론은 났지만 후유증도 만만치 않다. 공론화위원회 구성을 둘러싸고 정치권과 국민의 갈등이 증폭됐고 정부 신뢰도에도 많은 금이 갔다. 무엇보다 정치가 결정해야 할 국가정책을 '숙의민주주의'라는 이름으로 시민참여대표단에게 위임했기 때문이다. 정치의 본질은 갈등관리에 있다. 그럼에도 정치가 직접 개입하지 않고 시민참여라는 명목으로 국민의 여론에 기대는 것은 정치의 본령을 회피하는 무책임한 행위다. 만일 공론화위원회의 찬반결론이 오차범위 이내로 나왔으면 그 뒷감당은 누가 했을 것인가.

인간의 사고는 '상응원리'를 따른다고 한다. 이미 있는 문제를 없애려 할 때는 없앨 원인을 찾고, 뭔가가 없어서 문제일 때는 추가할 원인을 찾아보려는 생각을 하게 된다는 것이다. 여론에 기대는 정책결정은 정부가 주도할 때보다 더 많은 문제점을 남길 수 있다. 여론은 바람의 속성을 갖고 있는데다 단기적인 분위기에 휘둘릴 수 있어 근본적인 원인 탐구나 진지한 대안 모색이 쉽지 않기 때문이다. 우리가 대의민주주의 제도를 택한 이유에는 정치가 책임을 지라는 뜻도 포함돼 있을 것이다. 특히 다양한 이해관계와 복잡한 현실이 맞물린 국가 정책결정은 정치가 책임감을 가지고 최종 결정을 해야 한다. 문재인 정부 출범 초기에 탈원전 정책을 국민적 이슈로 꺼내들고 나온 점도 시기적으로 적절했는지 의문이 남는다. 새 정부가 '속도'에 매몰돼 잠깐 '방향성'을 잃지 않았는지 한번 뒤돌아볼 필요가 있다. 급한 마음에 잘 익은 가을 '홍시'가 아니라 이른 유월의 '떫은 감'을 판 건 아닌가 하는 생각이 든다.

시집 열두 번 가봐야
시어머니 다른데 없다

성격이 고약한 시어머니가 싫어서 시집을 수십 번 가도
시어머니는 똑같다는 뜻이다.

국회 인사청문회는 2000년 6월 김대중 정부에서 처음 도입됐다.

인사청문회가 최초 도입된 이후 김대중 정부에서는 국회 청문 대상자 12명 중 장상 총리 후보자 등 2명이 낙마했고 노무현 정부에서는 인사 청문 대상자 78명 중 전효숙 헌법재판소장 후보 등 3명이 중도에 하차 했다. 이명박 정부에서는 청문 대상자 111명 중 김태호 총리 후보 등 10명의 후보자가 낙마했고 박근혜 정부에서는 청문 대상자 71명 중 김용준 총리 후보자 등 11명이 청문회 절차를 통과하지 못했다.

낙마 사유는 다양했지만 주된 사유에는 '일관성'이 있었다. 부동산 투기, 위장전입, 병역비리, 탈세, 논문표절 의혹이 5종 종합세트였고 음주운전과 전관예우도 양념으로 등장하고 있다. 의원들의 질타가 이어지면 대다수 후보자들은 '제 부덕의 소치'라며 머리를 숙이지만 이는 정확한 표현이 아니다. 사실 '불법의 소치'고 '몰염치의 소치'가 맞는 표현이 아닐까. 문재인 정부는 촛불민심이란 의미와 인수위 없이 출범한 현실 때문에 인사청문회에 대한 기대와 우려가 함께 교차했다.

결과는 '역시나'였다. 헌법재판소장은 국회인준을 통과하지 못했고 4명이 자진사퇴했으며 4명은 청문보고서를 채택하지 못한 채 문 대통령이 임명을 강행했다. 탕평, 연정 등 협치에 대한 기대가 높았지만 문재인 정부 초기의 인사청문회 성적은 그리 좋지 않은 셈이다. 이 같은 결과에 대해 청와대와 여당은 '다당제에서 여당의 한계와 여소야대' 때문이라고 항변하고 야당은 '대통령 인사스타일과 여당의 약한 협치 때문'이라고 반박했다. 둘 다 일리가 있는 주장이지만 분명한 것은 문재인 정부의 인사청문회 결과도 역대 정부와 크게 다르지 않았다는 점이다.

그런 점에서 시집 열두 번 가봐야 시어머니 다른데 없다는 속담은 의미심장하다. 국민들 '시집살이'는 바뀐 적이 없기 때문이다. 최근 이 속담의 현대 버전이 나왔다.
'아무리 좋은 시어머니라도 없는 시어머니 보다는 못하다.'

아내는 눈으로 고르지 말고
귀로 고르랬다

자신의 부인을 선택할 때 외모에 현혹되지 말고
주변의 평을 듣고 고르라는 말이다.

문재인 정부는 출범부터 소통정부가 되겠다고 약속했다.

갈등의 원천인 반감을 막는 '절대반지'가 바로 소통이다. 대통령
이 취임 직후 춘추관 기자회견장에 직접 나와서 국무총리와 국정원
장 임명을 발표했고 대통령이 직원들과 구내식당에서 배식판을 들
고 줄을 서서 음식을 받아 같이 먹는 모습은 화제가 되기에 충분했
다. 북한이 ICBM을 쏘아 올릴 때 휴가지에 있던 대통령은 오대산
등산에서 만난 시민들과 기념촬영을 하며 여유 있는 모습을 보이기
도 했다.

청와대는 국민과의 직접 소통에도 팔을 걷어 붙였다. 청와대는 홈페이지와 SNS를 통해 청와대를 소개하며 국민과의 거리를 좁히고 있다. 그러나 '하고 싶은 말'만 하는 것이 소통은 아니다. 국민이 '알고 싶어 하는 것'과 '궁금해 하는 일'에 대해 자세하게 알려주고 간극을 좁혀나가는 쌍방향 교감이야말로 '진정한 소통'이다. 청와대가 수세에 몰린 현안까지도 국민 앞에 알려주는 자세가 '소통정부'의 모습이다. 그렇지 않다면 'PR 능력만' 뛰어난 '또 하나의 정부'에 불과할 것이다. 소통은 만난다, 듣는다는 행위만을 뜻하는 것이 아니다. 그로 인한 변화를 내포해야 의미가 있다. 그렇지 않다면 보여주기 식의 '쇼통'이란 냉소어린 지적을 받을 수 밖에 없다.

내가 남을 설득하고 싶다면 내가 먼저 설득당할 준비가 되어 있어야 한다. 누구나 칭찬을 듣고 싶어 하지 비판을 좋아하지는 않는다. 그러나 중층적이며 다원적이고 복합적인 국가정책을 이끌어가기 위해서는 칭찬보다 비판에 귀를 기울이는 것이 먼저다. 그래야 사회적 갈등을 극복하고 국정과제를 추진할 수 있다.

옛 어른들은 배우자를 고르고 선택할 때 겉만 보지 말고 주변의 평판을 들으라고 했다. 눈은 외모만 볼 수 있지만 평판에는 장점과 단점 모든 것이 담겨있기 때문이다.

그래서 사람에게 입은 하나지만 귀는 두 개가 있다.

얼굴 못난 여자가 거울만 탓한다

자신이 못 생긴 것은 생각하지 않고
거울이 엉터리라고 하는 것을 말한다.

남 탓 정치가 부활했다.

2017년 8월 북한 핵·미사일을 둘러싼 안보 이슈가 정치권의 최대 이슈로 떠오른 상황에서 여야가 남 탓 공방을 벌였다. 자유한국당이 민주당 정부의 대북정책이 힘을 발휘하지 못하고 있다는 점을 '문재인 패싱'으로 표현하는 등 '문재인 정부 안보 무능론'을 제기하자 더불어 민주당은 "9년 집권동안 허송세월 안보무능 '이명박근혜' 키즈들이 사돈 남 말 하듯 한다"며 반박했다. 정우택 자유한국당 원내대표는 취임 100일을 맞은 문재인 정부를 향해 "실망과 무능, 독선과 포퓰리즘의 100일"이라고 주장하며 "모든 것을 남의 탓으로 돌린다"고 비판했다. 자유한국당 원내수석대변인도 "출범 백일이나 된 정부가 입만 열면 '전 정부 탓'만 할 것인지, '남 탓 정치'는 그만하기 바란다"고 가세했다.

그러나 민주당은 '전 정부'에 대한 공세를 멈추지 않을 기세다.
민주당 우원식 원내대표는 "결산국회에서 박근혜 정부 적폐인 2016년도 예산을 철저하게 검증할 필요가 있다"며 '적폐 예산'을 고리로 전 정부에 대해 현미경 잣대를 들이대겠다는 의욕을 드러냈다.

'남 탓'은 '제 허물'을 인정하지 않는데서 출발한다.
여당의 입장에서 정치가 파행되면 야당의 발목잡기 때문이고, 야당은 여당의 무능에 원인이 있다고 주장하면 된다. 서로 일종의 쉬운 명분 쌓기다. 그러는 사이 골병드는 것은 국민이고 결딴나는 것은 국가다. 서로 자신들이 조금 부족하다고 인정한 후 상대와 대화나 협상에 나서는 건 어떨까.

거울은 죄가 없다.
보는 사람의 모습 그대로를 보여줄 뿐이다.

잘 집 많은 나그네가 저녁밥 굶는다

머무를 곳이 많은 사람이 너무 여유롭게 굴다가
오히려 저녁도 얻어먹지 못한다는 말이다.

19대 대선에서 당선된 문재인 정부의 출범 100일은 숨 가쁘게 진행됐다. 인수위도 없이 당선 직후 바로 업무에 착수한 문대통령의 국정지지도는 출범초기 80%를 넘나드는 고공비행을 했지만 출범 100일 무렵에는 조정기를 거쳐 70%대를 유지했다. 문 대통령은 속도전을 전개했다. 적폐청산을 화두로 삼아 취임 사흘 만에 업무지시 2호로 국정교과서 폐지를 지시했고 아베 신조 일본 총리와의 전화통화에선 지난 정부 때 체결된 위안부 합의를 거론하며 부정적인 의견을 피력했다. 이후 일자리위원회 신설, 비정규직 제로시대 선언 등 민생경제 현안을 꺼내들었고 안정기에 접어든 7월부터는 탈

원전 공론화, 증세 문제 등 찬반이 극명하게 엇갈리는 민감한 사안들을 여당과 공조하며 추진했다.

그러나 갈 길도 멀다.

북핵 관련 안보 문제, 미국과의 자유무역협정(FTA) 재 논의, 사드 배치로 인한 중국과의 갈등 같은 외교현안에다 부동산 시장 안정, 권력기관 개혁, 일자리 확충 등 국내에 산적한 현안들이 줄지어 기다리고 있다. 앞으로 언제까지나 지금처럼 여론의 높은 지지를 받을 수는 없을 것이다. 일모도원(日暮途遠)이라고 했듯이 해는 저물어 가는데 갈 길은 아직 먼 상황이 올 수도 있다.

원래 홍수가 나면 먹을 물이 없다고 했다. 물이 차고 넘쳐 흘러도 정작 마실 물이 없으면 안 된다. 잘 집을 구하지 못한 나그네는 단 한 집이라도 찾아 헤매서 사정을 구하겠지만 잘 집 많은 나그네는 이리저리 고르다 정작 집을 정하지 못해 저녁밥도 굶을 수 있다. 욕심 부리지 말고 차근차근 주위를 돌아볼 때다.

열 가지 재주를 가진 사람이 밥 굶는 법이다.

조는 집에 자는 며느리 들어온다

졸기만 하는 집에는 아예 자는 며느리가 시집온다는 말로
비슷한 사람끼리 모이는 것을 뜻한다.

순혈주의(純血主義)라는 말이 있다.

순수한 혈통만을 선호하고 다른 종족의 피가 섞인 혈통은 배척하는 주의를 말한다. 과거 순혈주의가 종족유지를 위해 필요했다면 지금 시대에는 사회 각 분야 이익집단과 단체들의 특권유지를 위해 이용하는 경우가 많다. 문재인 정부 초대 외교부 수장에 임명된 강경화 장관은 외교부내 순혈주의를 타개하기 위한 포석으로 해석됐다. 국방부장관에 그동안 주류였던 육군이 아니라 해군출신의 장관을 임명한 것도 육군 중심의 순혈주의에 보내는 경고 사인으로 받아들여졌다.

그러나 문 정부는 정치권의 순혈주의는 극복하지 못했다.

여권 내부에서조차 초대 내각 인선에 국민의당과 바른정당 출신 의원을 포함시키지 않은 것을 아쉬운 대목으로 꼽는다. 만약 두 야당에 장관 자리를 몇 개 내 주면서 '협치'를 시도했다면 '추경국회' 같은 경색은 없었을 것으로 보고 있다. 물론 대통령 중심제하에서 여당 출신이 아닌 다른 정당 소속 의원이 장관이 되면 '책임정치'와 '국정철학 공유'라는 측면에서 함께하기가 쉽지 않다는 의견도 있다. 그러나 그것이 비록 '쇼'일지라도 국민이 '쇼'를 기대하면 보여줘야 한다. 정치는 원하는 것을 '보여주는 일'에서부터 출발하기 때문이다.

기득권(旣得權)이란 단어는 보스정치 시절에나 어울리지 다당제에서는 사라져야 할 용어다. 정치는 명분이다. 명분은 정치판의 탐욕을 절제하게 만드는 장치다. 정치권의 순혈주의는 '나눠먹기'나 '끼리끼리'의 밀실정치가 횡행했던 계파정치, 패거리 의식의 산물이다. 자는 집에 조는 며느리가 들어오지 않기 위해서는 먼저 집안의 가족이 깨어있어야 하겠지만 그게 어렵다면 졸지 않는 며느리를 들이면 된다.

잠만 자는 집에 도둑이 드는 법이다.

호랑이를 보면 무섭지만
호랑이 가죽을 보면 탐난다

호랑이 잡기는 두려워도 그 가죽은 가지고 싶다는 말로
마음의 이중성을 뜻한다.

가정맹어호(苛政猛於虎)라는 고사성어가 있다.

가혹한 정치는 호랑이보다도 무섭다는 말로 동양정치에서 통치자들은 이 말을 금과옥조(金科玉條)로 삼았다. 가혹한 정치의 본질은 '세금'이었다. 그래서 세금을 함부로 다뤘다가 정권이 무너진 사례는 동서양을 막론하고 수없이 많다.

박근혜 정부 초기에도 조원동 청와대 경제수석이 프랑스 재상 콜베르의 말을 인용하며 '세금은 거위가 고통을 느끼지 않게 깃털을 뽑는 것'이라고 말했다가 곤욕을 치렀다. 그만큼 세금, 특히 증세는 예민한 문제다. 걷는 쪽은 어떻게든 더 받아가려 하고 내는 쪽은 어떻게든 덜 내려고 하는 게 세금이다보니 이 둘의 대결구도가 역사의 줄기였다는 말도 있다.

2017년 8월2일 정부가 발표한 세법개정안을 놓고 여야 간 치열한 공방이 벌어졌다. 여당은 세법 개정을 '수퍼리치' 증세로 이름 붙이고 서민과 중산층이 수혜자임을 강조한 반면 야당은 '부자증세'라면서 결국 서민들에게 세금 부담으로 돌아갈 것이라고 반박했다. 청와대와 여당은 호랑이를 무서워하면서 결국 호랑이 가죽에 손을 댄 것이다. 여당의 입장에서는 호랑이는 국민이고 호랑이 가죽은 임기 내 공약 이행을 위해 꼭 필요한 재원(財源)일 것이다. 국민이 증세에 동의하면 호랑이를 자극하지 않고 호랑이 가죽을 얻을 수 있겠지만 호랑이가 으르렁댄다면 정치적 난관에 봉착하게 될 것이다.

그 결과는 멀지 않았다.
2018년 전국동시지방선거에서 호랑이를 볼 수 있을 것이다. 얌전하게 있거나 아니면 사납게 포효하는.

참기름 쏟고 깨줍는 꼴이다

참기름 병을 쏟고 다시 기름을 짜기 위해 깨를 하나하나 줍는다는 말이다.

2017년 8월 폭염이 사라질 무렵 느닷없이 '달걀'이 최고의 이슈로 등장했다.

이른바 '살충제 계란' 파문이다. 그 파문의 중심에는 류영진 식품의약품안전처장이 있었다. 그는 살충제 계란 파문이 불거진 직후 기자간담회에서 "국내산 달걀에 대해 모니터링 하고 있으니 안심하고 드셔도 문제가 없다"고 했다가 사실과 다른 것으로 드러나 곤욕을 치렀다. 류 처장은 이 문제로 인해 소집된 국회 상임위 업무보고에서 살충제 계란 조사 상황이나 간단한 현안조차 파악하지 못해 쩔쩔맸다. 여당 의원들조차 류 처장에게 '소 잃고 외양간 고치느냐 고 질책했고 류 처장은 "죄송하다"며 연신 고개를 숙여야만 했다. 국무총리 주재로 소집된 국정현안 점검조정회의에서도 류 처장은 이낙연 총리의 질문에 머뭇거리며 답하지 못해 "제대로 답변 못할 거면 기자들에게 브리핑 하지 말라"는 강도 높은 질책을 들었다. 야 3당은 일제히 "류 처장의 '국내산 계란은 안전하다'는 취지의 발언이 국민 혼란을 초래했다"며 사퇴를 요구했다.

식약처장은 차관급 고위 공직자다.
국민의 먹거리 안전문제를 책임지는 기관 수장이 국민이 가장 민감해하고 불안해 하는 현안에 대해 사전에 면밀한 검토 없이 '확신 발언'을 했다는 것은 지탄받아 마땅하다. 또 식약처는 국내 살충제 계란이 인체에 해를 가할 정도의 독성을 함유한 건 아니라며 매일 2.6개씩 평생 먹어도 건강에 문제가 없다고 발표해 빈축을 사기도 했다. 국민의 안전을 책임지는 행정이란 낭떠러지 밑에 구급차를 대기시켜 놓는 것이 아니라 위험을 막아주는 방호벽을 사전에 세우는 것이다. 야당들이 처장의 사퇴를 압박하는 것도 경험과 전문성이 없는 기관장이 무책임한 발언으로 국민을 혼란의 도가니에 빠뜨렸다는 이유에서다.

국민의 이목이 집중되는 먹거리 안전 문제에 대해서 관련기관 책임자의 발언은 신중하고 또 신중해야 한다. 이미 저질러진 발언을 수습하기 위한 사후 변명들은 국민을 더 불안하게 만든다. 참기름을 병째 쏟고 나서 참깨를 하나하나 줍는 격이다. 미리 신중하게 처신해 참기름 병을 쏟지 말았어야 했다.

가마 타고 시집가기는 다 틀렸다

혼례를 마친 새색시는 가마를 타고 시집에 가야 되는데
상황이 생겨서 가마를 타고 가지 못한다는 말이다.

결혼식은 그 시대 풍속의 변화를 가장 민감하게 보여주는 대표적인 행사다. 우리 전통 혼례에서 시집을 갈 때는 으레 가마를 타고 가는 것이지만 그 격식을 좇아서 하지 못한다는 뜻이다.

일이 제대로 되지 않아 격식과 채비를 갖추어서 하지 못함을 비유적으로 이르는 말이다. 19대 대선을 앞두고 치러진 더불어민주당 경선에서는 당시 안희정과 이재명 후보는 후발주자의 불리함속에서 완주해야 했다. 이 두 후보의 정치시계는 당초 2017년 12월 19일에 맞춰져 있었을 것이다. 그러나 누구도 예상하지 못했던 박근혜 대통령 탄핵이라는 미증유(未曾有)의 사태가 벌어지면서 대선구도가 요동치게 됐다. 문재인 후보는 2012년 대선 패배 후 절치부심하면서 착실하게 올해 대선을 준비해 왔지만 두 후보는 2016년 겨울 촛불시위 이후부터 겨우 준비에 착수했을 것이다. 정치상황이 정상적으로 돌아가지 않다보니 이들의 경선 준비 또한 '처삼촌 산소 벌초하듯' 할 수 밖에 없었을 것이다. 충분한 준비시간을 가지고 문재인 후보를 따라잡으려 해도 어려울 판에 시간과 준비가 다 부족하니 마음만 앞서고 지지율 높이기가 어려웠을 것이다.

경선 초반 안 후보의 돌풍과 이 후보의 선전이 이어질 때도 정치권에서 두 후보가 '날아오르기에는 활주로가 너무 짧다'고 평가한 것도 이런 이유에서였다. 두 후보에게 지난 대선은 시기적으로나 사전 준비 측면에서나 '가마타고 시집가기는 틀린' 선거였다. 올해 경험을 바탕으로 다음 대선에서 가마타고 시집갈 준비를 착실하게 하면 될것이다.

인삼 녹용도 배부른 뒤에야 약 된다

아무리 좋은 보약도 일단 사람이 허기를 면해야
그 약이 소용 있다는 말이다.

　의식족즉지영욕(衣食足則知榮辱)이라는 말은 입고 먹는 것이 충분해야 명예와 수치를 안다는 뜻이다. 이 말은 흔히 '의식이 족해야 예절을 안다'는 의미로 쓰이고 있다. 사람은 배가 고프면 염치를 잊게 된다. 맹자도 유항산(有恒産)이면 유항심(有恒心)이라고 했다. 제대로 된 왕도정치는 풍부한 일자리와 생산이 전제돼야 풍요로운 인심이 만들어짐을 갈파한 것이다.

　지금 우리 경제는 저금리와 고 부채 속에서 일자리는 줄어들고 세대 간 계층 간 양극화로 인해 경제적 사회적 갈등도 갈수록 커지고 있다. 문재인 정부가 출범 직후 경제민주주의를 들고 나온 것은 이런 시대적인 상황과 무관치 않아 보인다. 소득과 부의 극심한 불평등을 해소하지 않고는 그 어떤 정치적인 구호도 설득력을 가지지 못한다고 판단했을 것이다. 특히 일자리 문제를 경제민주주의의 핵심으로 들고 나온 것은 맹자가 강조한 항산(恒産)이 정확히 '일과 직업'을 의미한 것과 맥을 같이한다. 경제적 불평등 해소 없이 정권의 인기라는 것은 사상누각에 불과하다. 그러나 세상에 일방적이고 한쪽만 드러나는 정책이 어디 있는가. 양극화 해소와 일자리 창출은 재계와 노조, 대기업과 중소기업, 소상공인과 비정규직 등 대척점에 위치한 대상들끼리 타협과 양보가 전제돼야 하고 상호배려가 필수적 요소다. 그만큼 어렵고 힘든 일이다. 국민 통합과 사회적인 타협 그리고 정치권의 대승적인 결단이 뒷받침 될 때 비로소 성과를 낼 수 있다.

의욕만으로 되는 일은 없다. 국민소득 4만 달러 시대는 인삼 녹용이지만 그 보다 중요한 것은 안정된 일자리와 균형 잡힌 수입이 주는 '작은 행복'일 수 있다. 그것이 그 어떤 '명약'보다 좋은 '약'일 것이다.

펀더멘털(fundamental)위에 멘털(mental)) 있다.

다 된 농사에 낫 들고 덤빈다

이 속담은 일이 다 끝난 뒤에 와서
쓸데없이 참견하고 나선다는 것을 꼬집는 말이다.

문재인 정부 출범 이후 정치권에 등장한 낯선 용어가 하나 있었다. 이른바 '촛불 청구서'이다. 이 말은 문재인 정부가 촛불투쟁의 수혜를 입어 탄생한 정권이기 때문에 노동계나 진보단체 등에서 문 대통령에게 요구 할 수 있는 권리가 있다는 주장이다. 2017년 6월 말부터 7월 초까지 민주노총 등 주요 단체들의 총파업 선언을 시작으로 전국 각지의 노동자, 농민, 대학생 등 수십만 명이 서울에 총집 결해 시위에 나서자 '촛불청구서' 형의 집회가 문재인 정부의 발목을 잡는 것 아니냐는 우려도 나왔다.

현직 대통령을 탄핵시킨 촛불집회 성공의 배경에 노동계 기여가 없지는 않을 것이다. 하지만 연인원 1700만 명이 만들어 낸 촛불의 힘을 과연 노동계 조직력만으로 설명할 수 있을까. 최근 서강대 정치외교학과 이현우 교수 등이 진행한 촛불집회 참가자 분석은 이를 잘 설명해 준다. 지난해 11월26일 5차 촛불집회 참가한 2058명을 대상으로 설문조사를 실시한 결과 응답자의 80%는 '뉴스를 접하고 스스로 판단해 참가했다'고 답했다. 촛불의 주체는 평범한 시민이라는 사실이다(동아일보 '기자의 눈' / 김배중)

촛불집회는 특정한 세력이나 집단이 주도한 것이 아니다.

'촛불청구서'란 말은 촛불집회를 자율적 시민의식이 아닌 타율적 정치행사로 전락시키는 모독이다. '촛불 청구서' 운운하는 것은 그야말로 모두가 힘들여 고생해서 마친 일 년 농사의 추수 무렵에 와서 낫 들고 덤비는 행위다. 촛불집회는 주권재민(主權在民) 정신과 성숙한 시민의식이 만들어 낸 민주의 가치다.

게으른 처와 악한 첩이 빈방보다 낫다

사이가 나쁜 부인과 악독한 첩이라도
남자 혼자서 쓸쓸히 방에 뒹구는 것보다는 낫다는 의미다.

2017년 새 정부가 출범하면서 정치권의 화두로 떠올랐던 '협치'
라는 단어가 어느새 보이지 않는다. 문재인 대통령은 당선 직후 국
립 현충원을 예방하자마자 바로 여의도로 이동해 가장 먼저 방문한
곳이 자유한국당이었다. 이어 국회로 가서 국민의당 지도부를 찾았
다. 이는 문 대통령이 새 여당이 국회 과반이 안 되는 현실을 인정하
고 대승적 차원에서 협치를 하겠다는 '큰 그림'으로 해석됐다.

그러나 시간이 흐르면서 협치란 말 보다는 '국민여론 우선'이란
말이 솔솔 흘러나왔고 '정면 돌파'란 공격적인 용어도 눈에 띄기

시작했다. 이 말들의 뒤에는 80%에 가까운 국정지지율이 있었다. 그러나 국정지지율은 국정운영의 여론 환경을 보여주는 지표일 뿐 그 자체로 국정동력의 크기를 의미하지 않는다. 그 와중에 제 일 야당 대표가 대통령 초청의 당대표 회동을 생색내는 정치적 쇼에 불과하다며 불참하는 등 대야관계는 갈등으로 치달았다. 여당에서는 야당이 '트집 잡기' '발목잡기'를 하고 있다며 대야 관계 개선에 적극 나서지 않았다. 그러나 야당 입장에서는 '트집과 발목'은 야당 고유의 책무이고 감시견(watch dog) 으로서의 임무라고 항변할 수 있다.

국정운영의 책임은 여당이 더 클 수 밖에 없다.

그렇기 때문에 여당이 인내심을 가지고 야당을 계속 설득해 대화와 협의를 이끌어 내야 한다. 협치는 과정이 '쓴 약'이기는 하지만 대한민국 정치에 새로운 바람을 불어넣는 '양약'이다. 여당이 일방적으로 치달으면 지지자들의 환호를 받을지는 모르겠으나 오는 것은 경색정국이고 남는 것은 '빈 손'의 국정성과다.

독점하면 당장은 강해보이지만 나누면 커지는 게 권력의 생리다. 협치는 부분적으로 시행하더라도 국민에게 감동을 주고 '작은 성과'라도 만들 수 있다. 게으른 처든 악한 첩이든 없는 것 보다는 있는 게 빈방보다 나은 이유다.

머리를 삶으면 귀까지 익는다

머리를 삶으면 귀까지 삶아진다는 뜻으로
핵심적인 것만 해결하면 나머지는 저절로 따라온다는 의미다.

사자성어로는 팽두이숙(烹頭耳熟)이라고 한다.

문재인 정부 출범 후 초대 내각 구성에서는 4명의 장관급 후보가 낙마했지만 그 사례보다도 더 정치판을 달군 '인사공방'이 있었다. 바로 탁현민 청와대 선임행정관을 둘러싼 논란이었다. 탁 행정관은 과거 자신의 저서에서 표현한 문제 때문에 공직자로서는 부적절한 '여성비하' '여성 혐오관'을 가졌다는 논란에 휩싸였다. 야당뿐 아니라 여성단체에다가 여성가족부 장관까지 탁 행정관에 대한 조치를 청와대에 요구했지만 대통령 비서실장은 국회에 출석해 "대통령의 인사권이 존중돼야 한다"고 말해 사퇴요구를 일축했다. 물론 탁 행정관이 부적절한 여성관을 가진 점은 분명하지만 장차관이나 수석비서관도 아닌 실무형 인사의 사퇴를 야당이 집요하게 요구하는 것은 그의 거취가 상징적이기 때문이다.

야당이 탁 행정관을 문재인 정부의 대표적 '부적절 인사'로 규정하고 그의 낙마를 겨냥한 것은 노림수가 있다는 분석이다. 탁 행정관에게는 '도덕성' 문제와 함께 그가 맡은 '행사기획' 업무가 문재인 정부의 '홍보능력'과 연관돼 있는데다 그에 대한 대통령의 신임이 큰 것으로 알려져 있기 때문에 '왕 행정관'으로 규정할 수 있어 여러 측면에서 상징성이 있기 때문이다. 옛말에도 적의 장수를 사로잡으려면 일단 장수가 탄 말부터 활로 쏘아서 꺼꾸러뜨리라고 했다.

'인사 부적격자'로 지목돼 논란의 중심에선 탁 행정관은 야당의 입장에서는 정치적 '머리'일 수 있다. 그의 거취에 따라 많은 상황들이 바뀔 수 있기 때문이다.

새도 가지를 가려 앉는다

현명한 새는 나무를 가려서 택한다는 뜻인데
일반적으로는 현명한 사람은 아무에게나 자신을 의탁하는 것이 아니라
자기의 재능을 키워줄 수 있는 사람을 택해 종사한다는 뜻이다.

사자성어로는 양금택목(良禽擇木)이라고 한다.

이 뜻 외에도 행동이나 말을 가려서 해야 한다는 의미도 있다. 비슷한 의미로 '누울 자리보고 발 뻗는다'가 있다.

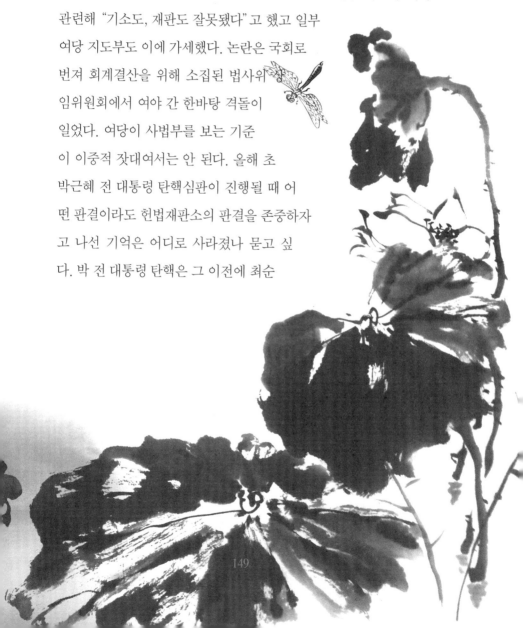

2017년 8월 한명숙 전 국무총리가 2007년 당시 열린우리당 대선 후보 경선을 앞두고 불법 정치자금을 받은 혐의로 기소돼 2015년 징역 2년을 선고 받고 복역하다 만기 출소하자 여권 내부에서 억울한 옥살이였다는 주장이 나왔다. 특히 법조인 출신 여당 대표가 이와 관련해 "기소도, 재판도 잘못됐다"고 했고 일부 여당 지도부도 이에 가세했다. 논란은 국회로 번져 회계결산을 위해 소집된 법사위 임위원회에서 여야 간 한바탕 격돌이 일었다. 여당이 사법부를 보는 기준 이 이중적 잣대여서는 안 된다. 올해 초 박근혜 전 대통령 탄핵심판이 진행될 때 어떤 판결이라도 헌법재판소의 판결을 존중하자고 나선 기억은 어디로 사라졌나 묻고 싶다. 박 전 대통령 탄핵은 그 이전에 최순

실 관련 게이트 사건 관련자들을 수사하고 기소한 검찰과 특별검찰, 이들 재판을 진행 중인 사법부가 있어 가능했다. 문재인 정부의 출범 기저에는 사실상 법치주의가 배경으로 작용한 것이다.

그런데 자신들 진영 인사의 재판결과에 대해 뚜렷한 근거도 대지 않고 '억울한 옥살이'라고 항변하는 건 자기부정이자 이분법적 사고이며 법질서를 무너뜨리는 심각한 문제다. 여당 대표가 대법원 판결까지 5년 1개월이 소요된 재판 사안에 대해 정면으로 공박하는 것은 다른 의도가 있지 않나 의심이 된다. 정말 억울하다면 한 전총리가 재심 청구 등을 통해 다시 한 번 법적 절차를 밟으면 된다.

정권의 힘이 넘쳐나는 출범 초기에는 그 힘으로 집권세력의 의도를 관철시키려는 유혹도 많을 것이다. 그러나 힘이 넘쳐나는 시기일수록 현명하게 그 힘을 사용해야 한다. 새도 가지를 가려서 앉는데 정치권의 지도층들이 함부로 말을 사용해서는 안 된다.

정치는 고도의 상징행위다.
정치인의 말은 상징행위의 직접적 표현이다.

고르고 고른 것이 되깎이라고

수많은 여자를 골랐지만 결국 선택한 것은
두 번 결혼한 여자였다는 말이다.

인간의 부질없는 집착에 대한 경구다. 자기 딴에는 엄청나게 공을
들이고 온갖 '경우의 수'를 다 고민했지만 정작 결과는 처음의 경우
보다 더 못할 때가 어디 한두 번 이겠는가.

지금 쇠락한 보수진영의 위기 신호는 촛불시위 때 온 것이 아니라
2016년 4월 총선에서 이미 경고음이 울렸다. 당시 총선 패배의 책임
론이 불거지자 당내 주류인 친박계는 비대위와 혁신위 출범을 저지
하며 당권에 대한 욕심을 버리지 않았다. 친박 패권주의 본색을 노
골화한 것이다. 이미 그때 보수의 분열이 시작됐고 계파 간의 격돌

은 '만인의, 만인에 대한 투쟁' 양상을 띠었다. 당시 일각에서는 새누리당이 소멸될 수 있다는 우려가 나왔고 친박계가 기득권을 내려놓지 않으면 영남당으로 전락한다는 의견도 제기됐다.

그러나 자기혁신은 없었다. 이후 촛불시위를 지나면서 보수진영은 완전한 '패닉상태'에 빠졌다. 새누리당을 탈당한 의원들이 만든 바른정당이 창당됐고 새누리당은 자유한국당으로 간판을 바꿔 달았다. 자유한국당은 19대 대선에서 2위를 했지만 역대 보수정당을 대표한 후보 가운데 최저 득표를 기록하는 과정을 씁쓸하게 지켜봐야 했다.

계영배란 술잔이 있다. 술이 일정한 한도에 차오르면 새어나가도록 만든 잔이다. 인간의 끊임없는 탐욕을 경계해야 한다는 상징적인 의미를 가지고 있다.

혁신과 개혁의 종착역은 '변화된 모습'이다. 바꾼다고 하고, 새로고른다고 했는데 그것이 지금보다도 나쁘다면 시도하지 않은 것만못하다.

고르고 고른 것이 되깎이라면 너무 허탈하지 않은가.

아이 못 낳는 여자가 밤마다 태몽 꾼다

출산하지 못하는 여자가 매일 아이 갖는 꿈을 꾼다는 뜻이다.

아이를 낳지 못하는 여자가 밤마다 태몽을 꾼다는 것은 일종의 모순(矛盾)이다.

최근 우리 사회에는 '형용모순'이란 단어가 많이 등장하고 있다. '둥근 사각형' '따뜻한 아이스 커피' '뜨거운 얼음' 같은 말들과 '사랑하니까 헤어진다'는 이별사유의 고전(古典)도 형용모순의 범주에 들어갈 수 있겠다. 이처럼 상반된 어휘를 결합하는 수사법을 형용모순이라고 한다.

2017년 초 반기문 전 유엔 사무총장이 귀국하며 대선 출마 일성으로 '진보적 보수주의자'를 내세웠을 때 그의 앞길은 어느 정도 '혼돈'이 예정돼 있었다. 보수·진보를 다 아우르는 외연확장을 통해 지지층을 최대한 넓히겠다는 의욕이야 이해 못할 바 아니었지만 '편 가르기'와 '갈라치기'가 능수능란한 우리 정치권에서 얼마나 통할지는 애초부터 의문이었다. 결국 반 전 총장은 여야 어느 곳 으로부터도 환영받지 못한 채 출마 선언 후 한 달도 안 돼 짐을 꾸리고 미국으로 되돌아갔다. 애를 낳지 못하는 여자가 밤마다 태몽을 꾸는 것은 모순이기도 하지만 아이를 갖고 싶다는 강한 '열망' 때문일 수도 있다.

정치권 용어 가운데 '불임정당'이라는 별로 아름답지 못한 말이 있다. 정권창출을 하지 못하는 정당을 일컫는 말인데 19대 대선이 끝난 후 자유한국당이 바른정당을 향해 '첩'이라고 비아냥거리자 바른정당은 '한국당은 불임정당'이라고 맞받아쳤다. 한국정치에서 보수의 위기는 존경의 상실과 염치의 실종 때문이다. 지금이야말로 보수진영은 밤마다 태몽을 꾸려는 시늉이라도 해야 할 처지가 아닌가 싶다.

잘 뛰는 염소가 울타리에 걸린다

염소 중에서도 잘 뛰는 염소가 울타리를 넘다가 자주 걸린다는 말이다.

미국 대통령 '트럼프의 악수법'이 한때 세계 각국 정상들의 회담 준비에 비공식 준비의제(?)로 등장한 적이 있다. 상대방의 손을 세게 잡아당기며 자기 쪽으로 잡아당기는 '비매너 악수'에 아베 일본 총리는 몸이 끌려오는 굴욕을 겪었지만 프랑스 마크롱 대통령은 젊은 지도자답게 힘줄이 드러날 정도로 손을 잡으며 한 치도 밀리지 않았다. 관심을 모았던 문 대통령과의 악수는 과도한 액션 없이 점잖게 악수를 교환해 무난하게 끝났다. 과거 미국 대통령은 '세계의 경찰총수'로 평가받았지만 트럼프 대통령은 미국뿐만 아니라 국제 무대에서도 화끈한 '인파이터형 싸움꾼'으로 불리고 있다.

19대 대선 이후 한국정치에서도 느닷없이 싸움꾼 논쟁이 일었다.

대선이 끝나고 미국에서 휴식의 시간을 가지던 '정치판 최고의 싸움꾼'을 자처하던 자유한국당 홍준표 대선후보가 조기 귀국해 전당대회에 출마하면서 '싸움꾼' 논란이 일었다. 홍 후보는 "싸움을 안하는 정치인은 정치인이 아니다. 싸움할 줄 모르면 야당은 자격이 없다"며 투지를 불태웠다. 다른 후보들은 홍 후보를 '싸움닭'으로 비유하며 '싸움보다는 지지층을 확장해야 한다'고 맞섰지만 홍 후보의 압도적인 승리로 끝났다. 그러나 정작 홍 후보는 이명박 전 대통령을 예방한 자리에서 "야당대표는 여당대표할 때 보다 쉽다"고 말해 '싸움하기' 보다는 '손님 실수'를 기다리는 듯한 뉘앙스를 풍겨 정치면의 가십기사를 제공했다.

사람은 단점 때문에 망하지 않는다.

단점은 피해가거나 극복하려고 하기 때문이다. 그러나 장점은 자신이 잘한다고 굳게 믿기에 한치의 의심과 주저함도 없이 과감히 내밀며 드러낸다. 그래서 사람은 단점 보다는 장점을 조심해야하는 법이다. 그렇기 때문에 잘 뛰는 염소가 울타리에 걸릴 가능성이 높은 것이다. 싸움도 자주하는 것보다 꼭 필요할 때 '최고의 한방'이 더 임팩트가 있지 않을까.

특히 조화로움을 추구하는 정치판에서는 더더구나 그렇다.

참깨가 기니 짧으니 한다

아주 작은 참깨들이 크기를 놓고 다툰다는 뜻으로
그만그만한 것들끼리 서로 잘났다고 아웅다웅 하는 모습을 가리킨다.

비슷한 말로는 '도토리 키 재기'가 있다.

2017년 5월 19대 대선을 앞두고 자유한국당 대선후보 경선에서 후보가 넘쳐나는 기현상이 나타났다. 당시 자유한국당 지지율은 10%대를 조금 넘는 수치였지만 대선후보 등록 러시가 벌어진 것이다. 당 주변에서는 경선 흥행을 위해 황교안 총리 등판론이 끊임없이 제기됐지만 알 듯 모를 듯한 선문답을 하던 황 총리는 끝내 나서지 않았다. 등록 후보들의 지지율은 홍준표 후보를 제외하고는 1% 미만의 지지율이어서 유의미한 수치로 보기 어려웠다.

이를 두고 당시 정치권에서는 '대선 이후를 내다본 것 같다'는 분석이 많았다. 당내 경선에서 떨어지더라도 출마 경험을 바탕으로 당대표 선거 등에 도전해 볼 수 있고 야당이 되더라도 '대선 주자급'이란 존재감을 드러낼 수 있다는 기대감이 작용했다는 것이다. 대중의 정치관심이란 것도 일종의 '소비재'여서 특정후보에게 '관심'을 소비해 버리면 다른 후보들은 창고에 쌓인 재고가 될 수 있다는 우려감도 작용했을 것이다.

이는 다른 당도 마찬가지다.

지난 2007년 대선을 앞두고 당시 여당인 열린우리당도 대선 승리가 쉽지 않은 상황이었지만 후보 난립 현상이 있었다. 제사보다는 젯밥에 더 관심이 많은 격이다. 참깨가 서로 기니 짧으니 해봐야 아무런 의미가 없다.

좁쌀이 백번 구르느니 호박이 한번 구르는 게 나은 법이다.

화롯불 쬐던 사람은 요강만 봐도 쬔다

늘 둥그런 형태의 화롯불을 쬐던 사람은
비슷하게 생긴 요강만 봐도 손을 내밀어 불 쬐는 시늉을 한다는 뜻이다.

습관적 행태를 지적하는 속담이다.

'달걀을 깨지 않고는 오믈렛을 만들 수 없다'는 영어 속담이 있
다. 원인 없이는 결과가 없고 도전 없이 성과가 나오지 않는다.

2017년 보수정치는 최대의 위기에 직면해 있다. 국민의 신뢰는 잃
어가고 있고 이 난국을 타개해 나가려는 의지와 각오는 보이지 않
는다. 이런 상황에서 지역감정에 기대거나 여당의 실수에 편승해
반사이익을 보려는 과거의 습관적 행태로는 다시 국민의 신뢰와 사
랑을 받을 수 없다. 정치는 타이밍의 예술이다. 바뀌어야 할 때는 바

뛰어야 한다. 석기시대가 끝난 것은 돌이 부족해서가 아니다. '민심'이란 큰 강물은 쉽게 방향을 정하지도 않지만 한번 정해진 방향을 쉽게 바꾸지도 않는다는 것을 알아야 한다.

두렵다고 해서 눈을 감아버려서는 안 된다. 눈을 감는다고 벌어진 일을 피하지 못하니까. 눈 부릅뜨고 정면으로 맞서 치고 나가는 게 가장 현명하다. 바로 지금이다. 보수의 기둥을 다시 세우고 오십 년 백년 국민의 지지를 받을 수 있는 보수의 가치를 다시 설정해야 한다.

공자는 이렇게 얘기했다.
'허물이 있으면서 고치지 않는 것, 이것이 진짜 허물'이라고.
반드시 새겨들어야 할 말이다.

가는 며느리가 세간 사랴

집을 나가는 며느리가 살림을 챙기고 가겠느냐는 뜻이다.

이미 마음이 떠났는데 자기 할 일을 할 리가 없다는 걸 비유하는 말이다. 비슷한 속담으로 '떠나는 여자가 물 길어다놓고 갈까'와 '가는 며느리가 보리방아 찧어 놓고 가랴'가 있다.

19대 대선을 앞두고 당시 자유한국당 홍준표 대선 후보의 경남도지사 사퇴를 둘러싸고 논란이 벌어졌다. 4월 9일 11시 57분 자정을 3분 남긴 시각에 홍 후보는 경남지사 사임통지서를 전자문서로 경남도의회에 제출했지만 선관위에는 통보되지 않아 도지사 보궐선거는 치를 수 없게 됐다. 홍 후보가 5월 9일 대선에 나오려면 30일 전인 4월 9일 자정 전 까지 사퇴해야하고 현행 지방자치법은 지사

직을 사퇴하려면 사임 10일전까지는 사임통지서를 내도록 돼 있어 정상적으로는 보궐선거가 치러져야 했다. 그러나 '부득이한 상황이면 사임통지서를 10일 전까지 안 내도 된다'는 지방자치법 단서조항이 9일 사임을 가능하게 했다. 4월 9일 사임은 했지만 선관위에는 다음날 제출됨에 따라 보궐선거 없이 도지사 권한대행 체제로 가게 된 것이다.

이를 두고 당시 야당과 시민단체 등에서는 '도민 참정권을 빼앗는 행위'라고 비난했고 홍 후보 측은 '선거비용으로 예산낭비를 하

지 않기 위한 결정'이라고 주장했다. 홍 후보 측은 한발 더 나가 예산낭비를 하지 않기 위해 사임을 늦추느라 오히려 열흘 정도 선거운동을 하지 못했다고 반박했다. 이를 두고 정치권 일각에서는 '꼼수 사퇴' 논란이 제기됐다.

홍 후보 측의 주장도 예산낭비를 하지 않겠다는 선의(善意) 측면에서는 진정성이 없는 것은 아니다. 누구나 정치적인 소신을 가지고 행동하다보면 상대편에서는 반발이 나올 수도 있다. 그러나 자신은 꿈을 이루기 위해 대선이라는 더 큰 바다를 향해 나아가면서 경남지사 출마를 준비했던 많은 사람들의 희망을 박탈해서야 명분이 서지 않는다.

예산 낭비가 그토록 걱정이 됐다면 미국의 사상가 랄프 에머슨(Ralph W. Emerson)의 말을 들어볼 필요가 있다. '경제란 석탄을 아끼는데 있는 게 아니라 그것이 불타고 있는 동안 시간을 효과적으로 이용하는데 있다.'

홍 후보의 9일 자정 직전 사임이 '가는 며느리가 세간 사랴'는 심정으로 한 행위가 아니었겠지만 모든 일에는 대의와 명분이 있는 법이다.

가죽 상하지 않고 호랑이 잡을까

호랑이 잡을 때 가죽이 상하지 않도록 하기위해
머뭇거리면 사냥꾼이 당할 수 있으니
그런 신경 쓰지 말고 최선을 다하라는 말이다.

크고 어려운 일을 이루는 데는 어느 정도의 손해와 고통이 뒤따를 수밖에 없다. 한때 정치권에 육참골단(肉斬骨斷)이라는 말이 화두로 등장한 적이 있었다. 이 말은 자신의 살을 베어 내주고 상대의 뼈를 끊는다는 의미다.

2015년 당시 야당이었던 새정치민주연합은 4·29 재보궐선거 패배에 대한 책임론으로 당이 내홍을 겪자 혁신위원회를 출범시켰다. 당시 보도에 따르면 문재인 대표는 5월 27일 열린 최고위원회에서 혁신위원회 설치의 건을 의결한 뒤 혁신위 출범에 대해 "저 자신부터 기득권을 내려놓고 육참골단의 각오로 임하겠다"며 "혁신의 목적은 한 마디로 우리당이 내년 총선에서 이기는 정당, 그래서 궁극적으로는 집권할 수 있는 정당을 만드는 것이다. 그 목적을 위해 우리 당은 기득권을 모두 내려 놓겠다"고 강조했다. 당시 혁신위 출범이 계기가 됐는지 모르겠지만 새정치민주연합은 그해 말 당명을 더불어민주당으로 바꾸면서 총선체제에 돌입했고 2016년 총선 승리에 이어 조기 실시된 19대 대선에서도 문재인 후보를 당선시키며 여당으로 올라섰다.

지금 야당이 된 보수진영은 이 육참골단의 의미를 새길 필요가 있다. '귀족정당' '웰빙 정당' 소리를 들으면서 혁신의 길을 가겠다고 하는 것은 '나무에서 물고기를 얻겠다'는 말과 다를 바 없다. 민심은 맹수와 같아서 자기가 따르던 사육사를 한순간에 삼켜버리기도 한다. 호랑이라는 사나운 민심을 잡기 위해서는 주위를 겉돌지 말고 다가서서 사투를 벌여야 한다. 내 살이 떨어져 나갈 수도 있고 그 과정에서 호랑이 가죽에 상처가 날 수도 있다. 그런 자세로 민심을 잡아야 한다.

과일도 속이 차면 씹히는 소리가 다르다.
국민은 속이 찬 그 소리를 구별할 수 있다. 민심은 누가 더 자기쪽에 다가서는지 항상 지켜보고 있다.

165

개 꼬라지 미워 낙지 산다

자신이 미워하는 대상이 좋아할 일은 하지 않는다는 뜻이다.

19대 대선 전까지 9년은 보수정권의 시간이었다.

2016년 겨울 백만 촛불행렬이 광화문 광장을 뒤덮으면서 보수의 위기는 거론되기 시작했고 19대 대선에서 보수정당이 획득한 표는 자유한국당 24%와 바른정당 7%였다. 두 당의 지지율은 2017년 8월을 기준으로는 총합이 겨우 20% 주위를 맴돌았다. 지난 9년간 50%를 넘나들던 보수의 지지는 다 어디로 갔을까.

2017년 대선에서 나타난 두드러진 특징 중 하나는 역대 어느 선거보다 후보 지지율의 변동이 크다는 점이었다. 각종 여론조사의 흐

166

름을 종합하면 보수 유권자 층은 2017년 초부터 반기문-황교안-안희정-안철수-홍준표로 이동된 양상을 볼 수가 있다. 보수 유권자 층은 TK 지역을 중심으로 한 60대 이상의 친박 성향이 강한 전통적 지지층을 제외하고 PK, 비영남, 40·50대 보수층은 박근혜 정부에 대해 실망하면서 새누리당 지지를 철회하고 '스윙 보수층'으로 이탈했다. 이 스윙 보수층이 본선에 돌입하자 진보적 성향의 문재인 후보를 지지하기는 싫고 이념적으로 중도성향이 강한 안철수 후보 지지로 이동한 것으로 분석된다.

개 꼬라지 미워 낙지 산다의 의미는 이렇다.

사실 자신은 갈비를 좋아하지만 먹고 난 나중에 개가 뼈를 좋아하는 꼴을 보기 싫어 자신도 별로 좋아하지 않지만 개도 먹지 않는 낙지를 산다는 뜻이다.

스윙보수 표는 이렇게 보수정당에 경고한 것이다. 보수의 자성과 근원적인 혁신이 없이는 갈비가 먹고 싶어도 계속 낙지를 사겠다는 것을.

노루 친 막대기 삼 년 우린다

운 좋게 한번 노루 잡을 때 사용한 막대기를
그것만 가지고 있으면 또 잡을 줄 알고 계속 쓴다는 뜻이다.

대선 때면 어김없이 보수진영에서 진보진영을 공격하는 단골 레퍼토리가 있다.

'좌파집권' '종북 세력' '퍼주다 망한다'가 대표적인 그것이다. 시대가 어떻게 변하든 이 '3종 세트'는 생명력이 강해 유행에 관계없이 계속 돌림노래처럼 반복되고 있다. 진보진영도 강도(強度)의 차이가 있을 뿐 보수진영을 향해 '반민주세력' '군부독재 후예' '안보장사'로 맞불을 놓았다.

이 낙인찍기(name calling)는 본질의 옳고 그름을 떠나 인간의 영혼을 황폐하게 하고 정치를 천박하게 만든다는 점에 그 심각성이 있다. 보수는 이 '3종 세트'로 가끔 재미를 봤다. 그 '흥행의 추억' 때문에 보수는 새로운 가치와 비전을 제시하기보다 냉전반공보수, 지역주의보수, 성장 중심 보수로 자리매김 하는 게 훨씬 이문이 남는다는 것을 체득했는지도 모른다.

그러나 세상은 변하고 있다.

이념은 다양해지고 법치주의 정신과 공화의 가치에 대한 기대는 더 높아져가며 재벌중심의 시장경제는 퇴색해가고 있다. 어쩌다 한 번 운 좋아 노루를 잡은 막대기를 신주단지처럼 생각하고 항상 그 막대기만 가지고 있으면 노루를 잡을 수 있다고 생각한다면 큰 오산이다. 삼년이 아니라 삼십년을 다시 사용해도 노루 잡기가 쉽지 않을 것이다. 노루 잡는 가장 좋은 방법은 노루목에서 기다리는 것이다.

그 노루목은 국민에게 매력적으로 다가가는 새로운 보수담론의 재구성이다. 다행히 19대 대선은 냉전 반공주의로 무장한 사이비 보수가 사라 질 수 있는 가능성을 보여준 선거였다는 게 중론이다.

농부는 굶어 죽어도 씨앗을 베고 죽는다

농부는 자신이 아주 어려운 처지가 돼도 씨앗(종자)을
소중하게 여긴다는 뜻이다.

'오쟁이'라는 순 우리말은 짚으로 엮어 만든 작은 섬을 뜻하는데 거기에는 농사꾼들이 대개 볍씨를 담아 보관했다. 농경사회에서 농민들이 종자(種子)를 귀히 여기는 마음은 거의 신앙에 가까웠다. 우리 선조들은 추수를 할 때 제일 잘 영근 것으로만 따로 간수해 두었다가 이를 이듬해 봄에 씨앗으로 땅에 심었다. 아무리 급해도 씨앗까지 먹어버리는 농부는 없다.

현대에서 이 속담은 종자주권으로 되살아났다.

종자주권은 종자 개발자가 갖는 지적 재산권이다. 세계 각국은 치

170

열한 종자전쟁 시대를 맞아 자원의 확보를 위해 국가적인 역량을 동원하고 있다. 이 속담은 정치권에도 적용이 된다. 당대에 이루지 못한 꿈이나 희망을 이루기 위해서는 후손들이 나서 줄 수밖에 없다. 그런데 후손에게 좋은 종자를 물려주지 않고 꿈을 이뤄달라고 하는 것은 '헛고생'을 하라는 것과 다를 바 없다.

모두들 보수진영의 위기라고 입을 모은다.

이번 농사에 실패했으면 좋은 종자 몇 개라도 남겨서 후일을 도모하는 것이 순리지, 남은 씨앗까지 다 없애고 다음 농사 잘 되기를 희망해서는 안 된다. 개혁보수의 씨앗을 살려서 잘 싹트게 하는 것이 그나마 지금의 보수진영이 할 일이다. 씨앗 하나 남기지 않고 다 먹어버리는 사람은 농부가 아니다.

게으른 선비 책장 넘기듯 한다

학문에 뜻이 없는 게으른 선비는
책 한 장 넘기는데도 한참이 걸린다는 말이다.

19대 대선이 끝나고 정치권에서 화두로 등장한 것이 '보수의 위기'였다.

이미 2016년 말 촛불시위 때부터 보수가 궤멸 위기에 처해있다는 우려가 제기됐지만 선거가 끝난 이후에 더 심화되는 양상이다. 일각에서는 탄핵정국의 소용돌이 속에서도 자유한국당 홍준표 후보가 2위를 했고 합리적 보수를 표방하는 바른정당 유승민 후보가 4위를 했으니 전체적으로 보면 선전한 것 아니냐는 분석이 나오지만 이는 '자기최면'에 불과하다.

위기의 진정한 원인은 '자기반성'과 '성찰의 모습'이 보이지 않는다는 점이다. 지금 보수정당에 절실하게 필요한 것은 보수적 가치를 새롭게 정립하고 정책화시켜 국민에게 믿음을 줄 수 있는 사실상의 '정당재건'을 해야 한다. 자유한국당은 2017년 8월 혁신위원장을 외부에서 영입해 혁신선언문을 발표하는 등 자구노력을 보여줬지만 정작 국민의 반응은 시큰둥하다는 게 일반적인 견해다. 일각에서는 혁신선언문이 지난 1월 당시 새누리당 인명진 비상대책위원장이 발표한 당 쇄신 로드맵과 무엇이 다르냐는 지적도 나왔다.

혁신(革新)은 가죽을 벗기고 새로 태어나는 과정이다. 그런 점에서 혁신은 '명사가 아니고 동사'라고 하는 의미심장한 말도 있다. 자신의 가죽을 벗기고 새로 태어나는 과정이 이토록 긴장감 없이 설렁설렁 해서야 누가 진정한 자기반성의 시간이라고 볼 수 있을까. 지금 보수정당은 혁명에 가까운 자기 쇄신을 거치지 않는 한 희망이 없다는 우려가 나오고 있다.

개혁은 개혁이라는 말속에 있는 것이 아니라 '개혁' 바깥에 있다고 했다. 상대방의 실패나 실수에 기대어 실지(失地)를 회복하려 한다면 미래가 더욱 암울해질 뿐이다. 지금 보수정당의 모습은 게으른 선비 책장 넘기듯 느릿느릿하고 진정성이 보이지 않는다.

시인 이상은 말했다.
'절망이 기교를 낳고 그 기교가 또 절망을 낳는다'고.
학문에 뜻이 없는 선비는 더 이상 선비가 아니다. 유사 속담으로는 '게으른 일꾼 밭고랑 세듯 하다'가 있다. 일꾼이 게으르면 새경(품삯)을 받지 못한다.

시집가는 날 등창 난다

시집가는 날 하필 등에 종기가 나서 곤란하게 된다는 말이다.

결정적인 순간에 횡액(橫厄)을 당하는 일을 의미한다.

누구나 살면서 한번쯤 이 속담이 의미하는 일을 당해보았을 것이
다. 국가대표 운동선수들은 월드컵이나 올림픽 출전을 앞둔 순간에
결정적인 부상을 당해 수년동안 이를 악물고 훈련하며 이루려했던
메달의 꿈을 접는 일을 겪기도 한다. 대기록 달성을 앞두고 있는 프
로 선수들도 갑작스런 부상이나 외부적 환경변화 때문에 기록달성
을 한참 뒤로 미뤄야 하는 경우도 있다.

우리도 일상생활에서 흔히 겪는다. 어린 시절 소풍을 잔뜩 기대하

다 가기 바로 전날 배탈이 나서 가지 못할 때, 대학입시 준비하다가 시험 당일 날 늦잠을 자서 지각한 경우, 맞선 보기 전날 사고로 얼굴을 다쳤을 때와 같은 이 모든 게 시집가는 날 '등창이 난' 상황이다.

19대 대선에서 반기문 전 유엔사무총장의 '중도하차'는 본인의 입장에서는 '시집가는 날 등창이 났다'고 생각할 만큼 억울했을 것이다. 2017년 1월에 그가 귀국할 때만해도 언론의 관심과 정치권의 눈이 쏠리고 귀국 직전까지 그의 지지율은 30%를 웃돌 만큼 치솟았다. 그러나 귀국 후 반 전 총장은 '편의점 에비앙 생수 논란' '지하철 승차권 발매 논란' '턱받이 논란' 등으로 가는 곳마다 구설에 오르면서 그의 지지율도 함께 추락했다.

결국 현실정치의 높고 차가운 벽을 느낀 '진보적 보수주의자' 반 전 총장이 택한 결정은 귀국 20일만의 중도하차였다. 자신의 정치철학과 정책 비전을 가지고 평가받는 것이 아니라 작은 해프닝에 불과한 일들만 부각이 된 정치현실은 4개월 남은 대선 레이스(시집가는 날)를 앞둔 그에게 견디기 힘든 '등창'이었을 것이다.

앉아서 꿔준 돈 일어서서 받는다

남에게 돈을 빌려줄 때는 편하게 빌려주지만
막상 받을 때는 어렵게 받는다는 뜻이다.

이 속담의 약간 변형된 형태로 우리가 쉽게 쓰는 '화장실 갈 때와 나올 때가 다르다'는 말도 있다.

급하게 남에게 돈을 빌릴 때는 어떤 조건이라도 다 들어주겠다고 저자세로 빌리지만 막상 빌린 후에는 빌릴 때의 마음과 자세가 나오지 않는다.

정부가 2017년 7월 소멸시효가 지난 장기연체 채권 25조 7000억 원을 소각해 214만명에 달하는 채무자 빚을 탕감하는 방안을 발표했다. 장기연체자로 분류돼 경제활동이 어려운 서민의 빚 부담을 덜어준다는 취지라고 했다. 소액의 빚을 갚지 못해 장시간 고통을 겪는 서민들을 국가가 도와서 다시 경제활동을 할 수 있게 하는 목적이다. 그러나 우려도 만만치 않다. 정부의 선의는 이해하지만 소액의 빚이라도 끝까지 버티면 안 갚아도 된다는 도덕적 해이를 조장할 수 있다는 지적이다. 돈을 빌렸으면 갚아야 한다는 건 신용사회의 기본질서다. 일각에서는 빚을 탕감해 주기보다는 채무 재조정, 개인회생 제도 활용 등을 방안으로 제시하고 있다.

부실기업에 대한 공적자금 지원도 마찬가지다. 국책은행을 동원한 정부 주도 구조조정은 공적자금 투입으로 이어지고 종국에는 심각한 도덕적 해이를 유발하고 있다. 그 돈은 국민의 호주머니에서 나온 소중한 돈이다. 위기 극복에 잘 사용하라고 넉넉한 마음에서 빌려준 돈을 받을 때는 일어서서 재촉해도 받기 어려워서는 안 된다. 심지어 밑 빠진 독에 물 붓기 식의 공적자금이 투입된다면 그야말로 혈세의 낭비. 현금 주고 어음 받아서는 안 된다.

그것은 본말(本末)이 전도(顚倒)된 것이다.

헛 인사는 찬물만도 못하다

겉으로 하는 의미 없는 인사는 찬물 한 그릇 보다도 쓸모없다는 뜻이다.

'畵餠(화병)'이라는 말이 있다.

그림의 떡이라는 뜻이다. 전혀 쓸모가 없는 것, 실용적이지 않은 것을 말한다. 사람이 인생을 살다보면 다양한 사람들과 부딪히게 된다. 그러다보면 서로의 안부를 묻게 되고 관계를 맺으며 친분을 쌓아나간다.

서로 간 진정한 덕담과 위로, 혹은 사람의 온기를 나누기도 하지만 어떤 사람들은 이른바 '영혼 없는 말과 행동'의 헛 인사를 하는 경우도 있다. 그러면 대다수 사람들의 반응도 헛 인사와 비슷한 태도를 취하게 된다. 진정한 마음이 담기지 않는 겉의 말과 행동은 인간관계에 도움이 되기는커녕 오히려 냉수 한 그릇 만도 못한 역효과를 낼 수 있다. 특히 선거철이 되면 많은 후보들이 유권자와 악수를 나눌 때 눈을 맞추며 손을 잡는 것이 아니라 이미 눈은 다음 사람을 보면서 급한 마음에 건성건성 악수를 교환해 빈축을 사기도 한다.

2017년 9년 만에 정권교체가 되고 난 후 재정적 측면에서도 국회의원의 여야 교체가 이뤄진 것 같다는 보도가 나온다. 민심이 보수 진영에 등을 돌리면서 과거 여당이었던 자유한국당 의원들의 '주머니 사정'은 나빠진 반면에 더불어민주당 의원들은 '여당 어드밴티지'가 더해지면서 정치 후원금이 늘어났다고 한다. 이런 분위기에다 통산 후원금 모금이 연말에 집중되는 것을 감안하면 '부익부 빈익빈' 현상은 더욱 심해질 것이라는 전망도 나오고 있다. 국회의원에게 정치후원금은 일종의 '의정활동 실탄'이다. 많으면 많을수록 정치활동을 하기가 수월하고 또 후원금 적립 수준은 해당 국회의원의 정치적 위상을 나타내는 '간접지표'가 된다. 정치후원금은 정치인이 자신의 의정활동에 대해 평가받는 하나의 '성적표'로 볼 수 있다.

'畵餠(그림의 떡)'을 받는 국회의원들이 '火病(울화 병)'이 생길까 우려된다.

낙락장송도 근본은 씨앗

큰 나무도 처음에는 작은 씨앗하나로 시작됐다는 뜻이다.

낙락장송(落落長松)이란 가지가 무거워 아래로 축 처진 큰 소나무를 말한다.

그런 엄청난 소나무도 솔방울 안에 있던 작은 포자(胞子)가 떨어짐으로써 시작해 수백년이 흘러 거목이 된 것이다. 시작하지 않으면 아무런 결과가 없다.

우리는 군사정권이 종식된 이래 김영삼·김대중·노무현 이라는 정치 거목을 만나서 함께 울고 웃었고 그리고는 종국에 아픈 마음으로 떠나보냈다. 세 명의 지도자들이 가진 공통점의 첫 번째는 용기였다. 김영삼은 목숨을 건 단식투쟁으로, 김대중은 민주화에 대한 순교자적 정신으로, 노무현은 지켜야 할 가치에 대해서는 정치생명을 던졌다. 두 번째는 시대정신을 읽은 정치적인 감각이다. 김영삼의 정치적 감각은 '동물적'이라는 평가를 받았고 김대중은 대권 3수에 도전하면서 'DJP연합'이라는 탁월한 승부사적 결단을 했다. 노무현은 '반칙과 특권 없는 사회, 사람 사는 세상'이라는 비전을 내세우며 비주류 세력의 대통령 당선이라는 기적을 연출했다.

이 정치 거목들도 출발점은 미약했다.

김영삼은 중학교 때부터 책상머리에 내 꿈은 대통령이라고 붙여놓고 꿈을 키우다 1954년 제3대 국회에 26세의 최연소 나이로 당선되면서 대통령을 향한 대장정을 시작했다. 김대중은 1961년 강원도 인제에서 보궐선거로 당선됐지만 의원접수를 하던 날 5·16으로 인해 국회가 해산됨에 따라 6대 국회에서 의정활동을 시작하는 우여곡절을 겪었다. 노무현은 1988년 13대 국회에서 첫 국회의원을 시작하면서 이른바 '5공 청문회'를 통해 노무현이란 정치인의 진가를 드러냈다.

이 세 명의 거목도 초선 시절부터 주류 정치인으로 시작하지 못했다. 끊임없는 노력과 정치력, 그리고 시대를 읽어나가는 눈과 용기를 통해 대통령의 자리에 오른 것이다. 솔방울 안에 있던 작은 씨앗이 땅에 떨어지면서 낙락장송으로 성장했다.

줄탁동기(啐啄同機)라는 말이 있다.

병아리가 알에서 나오기 위해서는 알 안에 있는 새끼와 어미닭이 안팎에서 함께 쪼아야 한다는 뜻이다. 지도자와 국민이 함께 호흡을 맞추면 거목이 좀 더 커갈 수 있다.

그런 지혜를 모아야 한다.

Ⅱ 인생은 어디로 가는가

갓장이 헌 갓 쓰고, 짚신장수 헌신 신고, 그릇장수 이 빠진 그릇 쓰고, 대장장이는 부러진 칼을 쓴다

남을 위해 일하는 사람은 정작 자신에게는 소홀하다는 것을 이르는 말이다.

재봉사에게 바지 없다(러시아)/신발 가게 안주인은 떨어진 신 신는다(영국)/신발 가게 주인은 신발 없이 걷는다(폴란드)/도공은 깨진 토기로 물을 마신다(아프카니스탄)/대장장이 집에서는 나무칼 쓴다(코스타리카) / (요네하라 마리·〈속담 인류학〉)

전 세계적으로도 유사 변용이 대단히 많은 이 속담은 '보여 지는 삶'과 '내재된 삶'의 간극을 여과 없이 드러내고 있다.

최근 욜로(YOLO)가 생활문화 분야에서 핫 이슈다. '인생은 한 번 뿐이다'를 뜻하는 말로서 현재 자신의 행복을 가장 중시하여 소비하는 태도를 말한다. 미래 또는 남을 위해 희생하지 않고 현재의 행복을 위해 소비하는 라이프스타일이다. 즉 '내재된 삶'보다는 '느끼는 현재의 삶'이 중요하다는 것이다. 일 년 월급으로 세계여행을 떠나고 저축보다는 취미를 즐기는 게 우선이다. 그러나 YOLO는 애초에 문화 트렌드를 설명하기 위한 용어가 아니라 기업에 마케팅을 제안하기 위해 고안된 용어이기 때문에 미디어가 심은 가짜욕망을 잘 걷어내야 한다. 욜로의 본질은 소비중심 현상이 아니라 다양한 라이프스타일의 수용이다.

갑자기 이 속담의 변형으로 '어머니는 짜장면이 싫다고 하셨어'라는 대중가요의 가사가 생각이 난다. 어머니는 진짜 짜장면이 싫으셨을까. 어머니는 돼지고기 살코기보다 비계를 정말 좋아하셨을까. 우리 모두의 어머니가 준 사랑은 그 분의 'YOLO'다. 어머니에게 자식이란 '인생의 유일하고 하나 뿐인 가치'였기 때문이다. 조만간 시골에 내려가서 어머니께 짜장면 한 그릇 '제대로' 사드려야겠다.

말도 용마(龍馬)라고 하면 좋아하고
소도 대우(大牛)라 하면 좋아한다

말과 소도 칭찬하면 좋아한다는 말로
모든 사람들에게 격려가 필요하다는 뜻이다.

미국 심리학자 에이브러햄 매슬로우(Abraham H. Maslow)에 의하면 인간의 욕구는 다섯 가지로 나뉜다고 한다.

첫 번째가 생리적 욕구, 두 번째가 안전욕구, 세 번째가 애정욕구, 네 번째가 존경욕구, 마지막 다섯 번째가 자기실현 욕구다. 마케팅 측면에서 VIP존의 특징은 다섯 번째를 활용한 배타성에 있다. 내가 주변으로부터 인정받거나 특별한 사람으로 대우받는 것은 매우 큰 자기실현인 것이다.

한때 우리 사회에서 유행했던 말이 있다.

바로 '칭찬은 고래를 춤추게 한다'이다. 한정된 인간의 힘을 배가시키는 것은 바로 '격려'와 '칭찬'이다. 격려(激勵)의 사전적 의미는 '용기나 의욕이 솟아나도록 북돋워 줌'이다. 상대방을 격려한다는 것은 그 사람의 상태와 모습에 상관하지 않고 다가가서 항상 힘이 되어 주겠다는 의미다. 우리 사회는 칭찬과 격려에 인색한 편이다. 칭찬은 잘하는 사람에게 더 잘할 수 있는 힘을 주고, 격려는 의기소침한 사람이 용기를 가질 수 있도록 힘을 준다.

칭찬과 격려는 어렵지 않다.

우리 일상에서 아주 작은 것부터 시작할 수 있다. 내 가족, 내 동료, 내 친구 등 모두가 해당된다. 칭찬과 격려가 한 사람의 일생을 바꿀 수도 있다. 평범한 말도 용마라고 하면 용마 시늉을 내고, 집에서 키우는 소도 대우라고 하면 큰 소 만큼 일을 한다. 일상에서 전하는 작은 칭찬과 격려의 결과는 크게 나타날 수 있다.

미련이 먼저 나고 지혜는 나중에 난다

일을 저지른 후에야 대책이 생각나고 후회한 다음에 반성한다는 뜻이다.

이 속담은 두 가지 의미를 담고 있다.

하나는 인간의 속성이고 두 번째는 실패를 두려워하지 말라는 경구의 뜻이 담겨있다. 사람은 어떤 일이 닥치면 차분해지기 보다는 긴급하게 대응하느라 실수를 하는 경우가 많다. 그러다 시간이 조금 흐르면 '아 이렇게 대응하면 좀 더 나았을 것'이란 생각이 들면서 아쉬워하게 된다.

직관적이고 자동적이며 직접적인 생각은 의식적이고 합리적이며 서서히 힘들여서 하는 생각보다 오류를 저지를 가능성이 크다. 직관적인 사람은 그럴듯한 스토리에 취약하다고 한다. 직관적인 사람들만이 아니라 누구라도 '귀가 솔깃해지는' 얘기를 들으면 급하게 판단을 내리는 게 일반적인 모습이다. 쇼핑을 좋아하는 사람들은 '마감 임박' '마지막 기회' '다음 판매 가격인상'이란 광고가 나올 때 이성적으로 차분하게 판단하고 결정하기가 쉽지 않을 것이다. 그렇다고 해서 저지른 일에 대해 무작정 후회만 한다면 그 사람의 발전은 없다. 현명함은 경험에 비례하는 것이 아니라 경험을 받아들이는 능력에 비례하기 때문이다.

누구나 실수를 한다.

그러나 그것이 실패를 의미하는 것은 아니다. 미련해 보이는 '도전'이야말로 의외로 '큰 성과'를 낼 수 있다. 애벌레가 고치를 붙들고 있으면 나비가 될 수 없다. 누군가 말했다. 현명한 사람은 들으면 알고, 똑똑한 사람은 보면 아는데 미련한 사람은 당해야 알고, 답답한 사람은 망해야 안다고.

그러나 인생이라는 긴 마라톤에서 '미련' 하고 '답답한' 사람들이 최종 승자가 되고 나아가 역사의 물줄기를 바꾼 사례가 부지기수다. 실수를 두려워하지 말자.

시간이 지나면 반드시 지혜가 나타나는 법이니까.

좋은 소문은 걸어가고
나쁜 소문은 날아간다

자신에게 생긴 좋은 말은 사람들에게 잘 퍼져나가지 않지만
나쁜 말은 급속하게 알려진다는 뜻이다.

소문은 한 단계 건너뛸 때마다 멸치가 참치 되고 참치가 고래 된다는 말이 있다.

소문은 시간이 지날수록 왜곡된다. 아무리 명백한 사실도 소문으로 전파되면 왜곡과 오류를 피할 수 없다. 또한 헛소문일지라도 은밀하게 소문을 주고받는 행위는 '우리는 한편'이라는 친밀감과 유대감을 준다. 우리의 뇌는 예상하지 못한 피해나 손실을 최소화하기 위해 무의식적으로 부정적인 소문에 등장하는 인물에 집중한다. 따라서 좋은 평판을 유지하려면 나쁜 소문에 휘말리지 않는 것이

중요하다. 소문은 사실보다 강하다. 사람들은 자신이 직접 관찰한 사실보다 소문에 더 영향을 받기 때문이다(중앙선데이 '생각의 역습' / 최승호)

　미국 언어학자 노암 촘스키(Noam Chomsky)는 누군가를 음해하려는 음모론을 '지적인 욕설'이라고 했다. 괴담이 좋아하는 먹이는 거짓말과 말 바꾸기다. 거짓말은 의심을 낳고 의심은 괴담을 낳는다. 누군가 세상의 진실을 밝히려 할 때 이를 방해하려는 이들이 펼치는 논리가 바로 음모론이다.
　그래서 진실은 언제나 연착하는 열차와 같은 것일까.

한 사람이 놓은 다리는 열 사람이 건너도
열 사람이 놓은 다리는 한 사람도 못 건넌다

한 사람이 놓은 다리는 시간이 걸려도 제대로 만들 수 있지만
열 사람은 다리 놓는 과정에서 의견과 생각이 제각각 다르기 때문에
부실공사의 위험이 있다는 경고다.

'사공이 많으면 배가 산으로 간다'는 말과 비슷한 유형이다.

이 같은 현상을 우리 주변에서 자주 볼 수 있다. 이런 현상을 학문적으로 '사회적 태만'이라고 한다. 이것은 개개인의 능력이 직접적으로 보이지 않고 집단 속으로 용해되는 경우에 나타난다. 예를 들어 노를 함께 젓는 사람들에게는 사회적 태만이 나타나지만 파발꾼에게는 나타나지 않는다. 왜냐하면 파발꾼의 경우는 개별적으로 기여하는 바가 분명하게 드러나기 때문이다.

사회적 태만은 합리적인 태도이다.

즉 남의 눈에 띄지 않고 절반의 힘만으로도 일이 성사되는데 무엇 때문에 온 힘을 투자하겠는가? 간단히 말해서 사회적 태만은 우리 모두가 죄를 짓도록 만드는 일종의 속임수다.(롤프 도벨리(Rolf Dobelli)·〈스마트한 생각들〉)

우리는 어떤 대형 사회적 사건이 벌어졌을 때 그 마무리 과정에서 책임자급의 인사가 재발방지 대책을 발표하면서 '이번 사건은 우리 모두의 책임입니다'라고 말하는 사례를 가끔 본다. 우리 모두의 책임이라는 말은 그 누구의 책임도 아니라는 말이다. 책임이 분명하게 주어지고 특정되었을 때 그 책임에 걸 맞는 결과가 나오는 법이다. 생각이 많으면 결론이 부실해지기 쉽다.

분명하게 주어진 책임에는 확실한 책임감이 따른다.

게으른 자가 석양에 바쁘다

하루 종일 한가하던 사람이 저녁 무렵에야 바빠진다는 의미다.

기자들의 생명은 마감이다.

아무리 열심히 취재해서 작성한 좋은 기사도 마감시간을 맞추지 못하면 신문에 실리지 못하기 때문이다. 마감시간은 더 이상 넘어갈 수 없는 최종적 한계를 뜻하는 데드라인(deadline)으로 표현한다. 기사 마감 시간이 다가오면 편집국내에서는 자판 두드리는 소리와 데스크의 고함소리, 노트북과 데스크 모니터를 들여다보는 사람들로 팽팽한 긴장감과 분주한 마음들이 교차하는 게 전통적인 신문사의 모습이다. 그래서 '하늘아래 쫓기어 나오지 않은 명문(名文)이라고는 없다'는 말까지 있다. 기자들이 게을러서 마감시간에 쫓기는 것이 아니다. 단지 하루의 목표시한을 구체적으로 정했을 뿐이다.

구체적인 목표시한을 정하지 않는 것은 탄환을 장전하지 않은 총에 불과하다. 거기엔 위력이 없다. 어떤 목표냐에 따라 세상이 바뀐다. 이것이 목표의 힘이다.

1분의 소중함을 모른다면 방금 기차를 놓친 사람의 마음을 생각하고, 하루의 소중함을 모른다면 세 아이를 키우는 직장여성을 생각하고, 일주일의 중요성을 모른다면 주간지 편집장을 생각하고, 1년의 소중함을 모른다면 수험생의 심정을 생각하라는 말이 있다. 시간의 소중함을 이르는 말이지만 그 시간에 꼭 써야만 하는 일의 총량도 담겨있다.

가을이 되면 정치권은 '일 년 농사'라는 국정감사에 착수하고 농민들은 정말 일 년 농사의 수확을 거두느라 분주한 때다. 석양이 다가올 때 바쁘지 않도록 미리미리 착실하게 준비하자.

석양이 질 무렵에 정신없이 바쁘다보면 부실한 마무리가 될 수 있다.

홍시 먹다 이 빠진다

우습게 본 것에 크게 당할 수 있으니 조심하라는 경구다.

비슷한 표현으로 '업신여겨 본 나뭇가지가 눈을 찌른다'는 속담이 있다.

우리들은 주변에서 이 같은 일들을 수없이 목도한다. 스포츠의 세계에서 강팀이 최약체 팀이라고 상대를 우습게 보고 경기에 임했다가 어이없는 패배를 당하거나 저조한 평균기록을 가진 선수가 최고기록 보유자를 이기는 사례를 자주 본다. 데이터를 가지고 분석하는 스포츠의 세계에서도 이런 일들이 자주 일어나는데 느낌으로 상대를 평가해야하는 인생에서는 무수히 많은 일들이 생겨난다.

정치에서 선거를 치르다보면 많은 '이변'이 연출된다. 정치신인이 중진 정치인을 꺾거나 어렵게 공천을 받아 막바지에 선거에 뛰어 든 후보가 당선의 영광을 누리기도 한다. 그러나 원인 없는 결과가 없듯이 이런 역전 드라마의 배경에는 반드시 그럴만한 이유가 있다. 혹자는 시대정신이 맞아 떨어졌다고 하고, 누구는 운이 좋았기 때문이라고 하며 다른 사람은 그 당선자가 평소에 지역에 많은 공을 들였다고 분석한다.

이유야 어떻든 모든 이변의 뒤에는 상대를 우습게 본 강자의 오만함이 있는 법이다. 이번에도 될 것이란 교만함과 '내가 누군데'라는 자만심이 부드러운 홍시나 두부를 먹다가 이가 빠질 수 있게한다. 영국 격언에 '오만이 앞장서면 치욕이 뒤 따른다'는 말이 있다. 자신이 대단한 사람이라고 착각하는 순간 예상치 못한 어려움에 직면한다.

다양한 분야의 인문학 책을 쓰거나 번역한 인문학자 강유원은 이렇게 말했다.
"사람들이 나를 알아준다는 느낌, 이거 독이다. 스치기만 해도 죽는"

도끼 가진 놈이 바늘 가진 놈 못 당한다

큰 무기를 가졌다고 작은 무기를 가진 사람을 깔보지 말라는 뜻이다.

이 속담과는 다른 의미지만 마부작침(磨斧作針)이란 사자성어가 있다.

도끼를 갈아 바늘을 만든다는 뜻으로 아무리 어려운 일이라도 끈기있게 노력하면 이룰 수 있다는 의미다. 2018 평창동계올림픽 유치를 삼수 끝에 성공했던 김진선 전 강원도지사가 두 번째 도전에 실패하고 세 번째 도전을 준비하면서 집무실에 큼지막하게 걸어놓은 한자성어였다. '마부작침'이 평생 신조라고 밝힌 그는 자신의 신념대로 불가능하다고 여겼던 동계올림픽을 유치하는 기적을 이뤘다.

이 말은 다윗과 골리앗의 싸움을 연상시킨다. 표면적인 화력이나 보유한 장비 등 객관적인 전력(戰力)만을 가지고 싸움의 결과를 예상하지 말아야 한다. 프로이센의 군인이자 전략가였던 칼 폰 클라우제비츠(carl Von Clavsewitz)는 '무기는 칼집에 불과하고 정신이 칼날'이라고 했다. 아무리 우세한 화력이나 장비도 그 전투를 대하는 군인들의 정신자세만 못하다는 점을 강조한 것이다. 그는 또 '무기보다 중요한 게 병사들의 사기이며 그 사기는 적을 대하는 국민의 태도에서 결정 된다'고 갈파했다. 군인들의 사기가 충천하기 위해서는 국민의 일치단결된 자세가 전제돼야 함을 일깨운 것이다.

도끼를 가졌다고 바늘 가진 사람 우습게 보다 가는 큰 코 다친다. 쓰는 사람이 어떻게 쓰느냐에 따라 승패가 갈린다.

귀신도 떡을 놓고 빈다

세상에 공짜는 없다는 말이다.

귀신도 바라는 것을 얻으려고 할 때 떡을 놓고 비는데 사람도 무엇을 받기 위해선 그에 상응하는 대가를 줘야 한다는 것을 뜻한다.

조건 없는 선물이 없듯이 선물은 무상이 아니다. 이해가 얽혀 있고 타산적이어서 '뿌린 만큼 거두는 것'이 선물이다. 남녀 간 선물도 사랑이라는 매개가 있기에 가능하다. 선물이 뇌물로 둔갑하는 것도 순식간이다. 선물과 뇌물의 경계가 칼로 무 자르듯이 확실하게 그어지는 것이 아니기 때문이다. 그래서 '대가성'이라는 모호한 기준으로 인해 누구는 감옥에서 철창신세를 지고 누구는 법망을 빠져 나간다. 받기가 부담스러우면 그건 선물로 보기 어렵다. 그렇지만 무엇을 부탁할 때나 자기 아쉬울 때만 접근하는 사람이 예뻐 보이지 않는 것은 인지상정(人之常情)이다.

그러나 선물을 주고받는 것이 꼭 필요한 영역이 있다. 바로 정치 분야다. 정치는 기브 앤 테이크(Give and Take)가 기본이고 타협이라는 기술이 '예술적'으로 발휘돼야 성과가 날 수 있다. 국회에서 정치가 파열음을 내지 않기 위해서는 여야 간 주고받는 문화가 정착돼야 하고 평소에 작은 선물들이 오고가야 한다.

남의 욕심을 다스려 내 욕심을 채우는 것이 경영이고 정치다. 올오어 낫딩(All or Nothing)이 돼서는 '패도정치'가 되고 '경색정국'만이 올 뿐이다.

공짜 점심은 없는 법이다.

눈 먼 머리가 몸통을 벼랑으로 이끈다

지도자가 못나고 어리석으면 모두에게 해를 끼친다는 뜻이다.

스톡데일 패러독스(Stockdale Paradox)라는 용어가 있다.

스톡데일은 베트남 전쟁 때 포로생활을 하다 마지막까지 살아남은 미군장교 제임스 스톡데일의 이름에서 유래된 말이다. 베트남전에서 포로가 된 미군병사들 중 가장 먼저 죽은 사람들은 조기석방이 되리라고 대책 없이 믿던 낙관론자들이었다. 결국 살아남은 사람들은 현실을 받아들이면서 희망을 잃지 않았던 스톡데일 같은 '냉정한 낙관론자'들이었다. 대중의 머리 역할을 하는 지도자들은 '냉정한 낙관론자'들이어야 한다. 그래야 최소한 국민들을 '사지'로 몰아넣지는 않는다.

요즘의 리더상이 변하고 있다고 한다.

21세기형의 리더는 대중들과 같이 놀아야 한다. 드러나지 않으면서 연결하는 연결자가 진정한 리더라고 한다. 예전에는 소수의 엘리트가 대중을 컨트롤 했지만 지금은 대중이 유리어항 속에 넣어두고 지켜본다. 소통과 공감능력이 대세인 만큼 리더의 모습에도 '시세'가 반영되고 있다. 마키아벨리는 지도자는 지옥으로 가는 길을 숙지하고 있어야 대중을 천국으로 이끌 수 있다고 했다.

이참에 남아공의 대통령을 지냈던 넬슨 만델라가 평소 지켜온 8가지 리더십을 소개한다.

1. 용기는 두려움이 없는 것이 아니라, 사람들이 두려움을 이길 수 있도록 고무하는 것이다.
2. 선두에서 이끌되, 지지자들과 떨어지지 말라.
3. 많은 사람들이 선도한다고 느끼게 하라.
4. 적을 알고 그들이 좋아하는 스포츠까지 배워라.
5. 동료 뿐 아니라 라이벌과도 가까이 지내라.
6. 외모에 신경 쓰고 미소를 잊지 말라.
7. 흑백논리를 버려라.
8. 포기도 리더십이다.

지금의 시점에서 봐도 대단한 통찰력이 아닐 수 없다.

유능한 지휘관은 부하들을 사지에서 건져내지만 무능한 지휘관
은 부하들을 사지로 몰아넣는다는 점을 잊지 말자.

가루 팔러 가니 바람 불고
소금 팔러 가니 비 온다

일이 공교롭게 자신의 뜻대로 되지 않을 때 쓰는 말이다.

머피의 법칙이라는 것이 있다.

우산 들고 나오지 않는 날에 장대비가 온다던가, 새 옷을 입고 외출한 날 길에서 넘어진다던가 하는 것들인데 일이 우연히 나쁜 방향으로만 전개되는 경우를 이르는 말이다.

1949년 미국 공군 에드워드 머피 대위가 처음 사용한 용어로 알려져 있다. 살다보면 정말 왜 나는 이렇게 일이 풀리지 않을까 하는 사례들이 빈번하게 일어난다. 그때마다 우리는 자신의 불운을 탓하지만 사실 많은 과학자들이 머피의 법칙이 일어나는 이유를 선택적

기억 때문이라고 분석한다. 선택적 기억이란 사람은 평범한 일상
속에서도 잘 안 된 일, 실패한 일을 콕 집어 선택적으로 기억하는 현
상이라고 한다.

반면 샐리의 법칙이란 것도 있다.

맑은 날에 실수로 우산을 들고 나갔는데 우연하게 비가 와서 요긴
하게 우산을 사용한 일 같은 것인데 일종의 '불행 중 다행'인 경우
이다. 그러나 머피의 법칙과 샐리의 법칙은 일란성 쌍둥이다. 이 상
황을 어떻게 생각하느냐에 따라 머피의 법칙을 적용할 수 있고 샐
리의 법칙이 되기도 한다.

골프용어에 'not bad'라는 말이 있다.

분명 잘 된 것은 아닌데 더 나쁘지 않아서 다행이라는 의미다. 최
소 18번, 많게는 36번의 홀을 도는 골프경기는 생각이 많아지면 경
기를 그르치게 된다. 이 때 더 나쁘지 않았음을 행운으로 생각하는
자세는 현명하다. 하나의 현상에 대해 집착하면 많은 생각을 하게
되고 그 생각은 꼬리를 물면서 부정적인 상상으로 치닫게 되는 경
우가 많다. 이 때 '어차피 일어날 일은 일어난다'고 생각하면 차분
해질 것이다.

누군가 그랬다.

돌멩이가 항아리에 떨어져도 그것은 항아리의 불행이고 항아리

가 돌멩이위에 떨어져도 그것도 항아리의 불행이라고.

살다보면 언젠가 맑은 날에 소금팔고, 바람 없는 날 밀가루 팔아 '대박'나는 날도 있을 것이다.

인생은 그리 편파적이지 않다.

가루는 칠수록 고와지고
말은 할수록 거칠어진다

말을 생각 없이 하다보면 자신에게 해가 될 수 있다는 뜻이다.

말이란 원론적으로 어디까지나 의사소통의 수단에 불과하다.

그러나 현실에서는 수단을 뛰어넘어 본질에 작용하는 중요한 변수가 된다. 인간사 대부분의 불행은 사람에서 시작된다. 정확하게는 사람의 언어에서 온다. 흔히 '논쟁에서 지면 기분이 나쁘지만 이기면 친구를 잃는다'고 한다.

말, 그것으로 인해 죽은 이를 무덤에서 불러내고 산자를 묻을 수도 있음을 명심해야 한다.

말은 자기 속마음을 표현하기 위해 있다고는 하나 대다수 사람들은 자기의 속마음을 감추기 위해 말을 하는 경우가 많다. 그리고 '말이 가루를 너무 많이 쳐서' 종종 현실을 감추는 일도 있다. 우리는 레토릭(rhetoric)이 현실의 역설로 사용되는 경우를 가끔 본다. 달콤한 주스가 '무가당'을 강조하고 스낵과자가 '칼로리'나 '영양가'를 내세운다.

역대 대통령 가운데 '민주주의'라는 단어를 가장 많이 쓴 대통령은 선거로 당선되지 않은 전두환 전 대통령이었다고 한다. 전 전 대통령은 2017년 4월 출간한 자신의 회고록에서 5·18 광주민주화 운동을 '폭동'으로 규정하고 자신을 '광주 사태 치유를 위한 씻김굿의 제물'이라고 주장해 논란을 불렀다. 결국 출판과 판매가 금지됐고 검찰은 전 전 대통령의 미납 추징금을 회수하기 위해 판매 금지되기 전까지 팔렸던 책에 대한 인세 압류를 신청했다.
　그가 집권했던 제 5 공화국의 구호는 아이러니하게도 '정의사회 구현'이었다.

말이 많으면 쓸 말이 적어진다

말이 많아지면 불필요한 말도 하게 되니 되도록 말을 적게 하라는 뜻이다.

말이 많아서는 안 된다.

말하는 것의 두 배를 들어라. 타인의 언어는 나의 침묵을 필요로 한다. 침묵하면서 타인의 언어를 경청할 때 비로소 소통은 가능해진다.

이런 말이 있다.

'생각을 조심하라. 말이 된다. 말을 조심하라. 행동이 된다.' 실언(失言)이란 마음속으로 생각하고 있던 것이 자신도 모르게 입 밖으로 나오게 되는 것이다. 위험한 생각을 하고 있는 사람은 언젠가 위험한 말을 하게 되어 있다. 말에는 여러 종류가 있다. 요설(饒舌)은 쓸데없는 말을 많이 하는 것이요, 장설(長舌)은 말이 많아 수다스러운 사람에게 쓰는 말이다. 실언은 누구에게나 경계해야 할 일이지만 특히 공직자들에게는 치명적인 결과를 나을 수 있다.

언행일치(言行一致)도 어렵지만 언언일치(言言一致)는 더 어려운 법이다.

차라리 함구(緘口)가 더 지혜로울 수 있다. 말 아껴 손해 볼일 없다. 쓸데없는 말을 나불거리다 패가망신하기 보다는 의연하게 '봉인된 책'처럼 다문 입이 그 사람의 무게를 더 드러내줄 수 있다. 자랑은 '자기 입'보다 '남의 입'에서 나와야 힘을 받지만 자신의 실수나 잘못은 스스로 털어놓을 때 더 높은 점수를 받는다.

묵언(默言)은 단지 입을 다무는 것이 아니다.

마음속에 수없이 떠오르는 질문을 스스로 듣는 과정이고 기회다. 정말 할 말이 있는 사람은, 할 말이 분명한 사람은 중언부언하지 않는 법이다.

가마솥이 검다고 밥도 검으랴

겉만 봐서는 속의 내용을 알 수 없다는 말이다.

사람들은 하나의 좋은 현상에 현혹되면 그로부터 전체현상을 결론짓는 경향이 있다고 한다.

이를 심리학에서는 '후광효과(Halo effect)'라고 한다. 후광 효과가 발휘하는 기능은 이렇다. 사람들은 간단히 얻을 수 있는 수치들이나 광고들을 보고 그 대상에 대해 쉽게 결론을 내린다. 또 어떤 회사의 평판이 좋으면 그 회사 제품의 품질도 뛰어난 것으로 인식하는 경우다.

그래서 세계적인 오케스트라 스태프들은 단원을 모집할 때 지원자들의 연주를 천막 뒤에서 평가한다. 성별이나 인종 또는 외모가 그들의 판단력을 흐리게 만드는 걸 피하려는 것이다. 몇 년 전부터 한 방송사에서 출연자들에게 가면을 쓰고 노래하게 한 후 평가를 하는 '복면가왕'이란 예능 프로그램이 관심을 모았다. 노래 부르는 사람에 대한 사전정보 제공을 차단하고 오직 노래실력만으로 평가는 방식인데 말 그대로 '노래의 민주성'만이 강조된 것이다. 우리는 여기서 결과의 의외성과 선입견의 위험성을 동시에 체험했다.

누구나 겉만 보고 판단하면 실수를 하게 된다.
겉만 보고 판단하다가는 '고정관념'에 빠지게 되고 고정관념은 객관적 판단을 마비시키는 합리적 의사결정의 큰 장애물이 될 수 있다. 가마솥 겉은 새카맣게 그을렸지만 안에 있는 밥은 잘 지어진 하얀 쌀밥일 수 도 있다.

불난 끝은 있어도 물 난 끝은 없다

수해의 무서움을 이르는 경구다.

조선 후기 실학자 이중환이 저술한 인문환경지리서인 〈택리지(擇里志)〉에 '통고지설(通高之雪) 양간지풍(襄杆支風) 일구지난설(一口之難說)'이라는 구절이 있다.

강원도 통천과 고성 사이에 내리는 눈과 양양과 간성 사이에 부는 바람은 도저히 한 입으로 설명하기 어려울 정도로 상상을 초월한다는 뜻이다. 조선 중기에 이미 맹위(猛威)를 인정받을 정도의 계절적 강풍이면 이 지역에는 산불위험이 상존하는 것으로 봐서 사전방지 대책에 초점이 맞춰져야 한다. 강원도 영동지방의 봄은 이 거센 바람으로 인한 산불과의 전쟁으로 시작된다. 1996년 2000년 2005년에 이어 2017년에도 대형 산불이 발생해 주민들 가슴을 시커먼 숯덩이로 만들었다.

그러나 화재 피해보다 더 큰 것이 수해(水害)다. 30대 정도의 우리나라 성인이면 태풍 루사와 매미를 기억할 것이다. 태풍 루사는 2002년 8월에 우리나라를 덮쳐 사상 최대인 5조2,622억원의 재산피해를 가져온 대형 태풍이었고 태풍 매미는 그 이듬해인 2003년 9월에 발생해 역대 태풍의 기록을 모두 경신했던 슈퍼태풍이었다. 2년간 한반도에 연이어 닥친 이 두 태풍으로 인해 전국 곳곳에 물난리가 났고 수많은 이재민이 발생했다. 지금도 태풍이 발생하면 그 속도와 크기를 대풍 루사와 매미에 비교하게 되는 등 우리의 뇌리에 강하게 박혀있다.

우리 선조들도 불이 나면 타다 남은 물건이라도 있으나 수재를 당해 물에 떠내려가 버리면 아무것도 남지 않는다고 몸으로 체득했던 것이다. 화마(火魔)가 덮친 대형 산불이나 전국을 물바다로 만드는 수해나 모두 엄청난 재앙이다.

치밀한 예방만이 유일한 대책이다.

꿩 장수 매 후리듯 한다

원래 의미로는 남을 이용해 내 잇속을 챙기는 행위를 말한다.

이 속담을 남을 속이거나 정신없게 만들어 놓고 그 사이에 자신들의 배를 채우는 행위에도 적용하고 싶다. 어떤 분야에서든 그들끼리 통하는 특수 분야의 언어들이 있다. 이를 합법영역에서는 '전문 용어'라고 하고 불법적인 분야에서는 '은어'로 통용되기도 한다.

사법부의 세계에서 나도는 '스폰(스폰서)'과 권력기관들이 사용하는 '특수 활동비'라는 용어는 국민을 헷갈리게 한다. 누구를 지원하거나 후원하는 것을 뜻하는 스폰서(sponsor)라는 단어는 원래 긍정적이고 좋은 뜻이지만 현실에서는 '뇌물성 보험'의 의미를 지닌다. 특수 활동비는 공금이기는 한데 용처를 밝히지 않아도 되는 신기한 돈이다. 원칙적으로는 '특수한 활동'에 써야하지만 현실에서는 '눈먼 돈'으로 인식되는 경우가 많다. '권력 속으로 언어가 들어간 건지' '언어 속으로 권력이 들어온 건지' 분명하지는 않지만 확실 한 것은 국민은 어리둥절하다는 것이다. 고문을 가혹행위로, 지구온난화를 기후변화로 애기하면 애초의 뜻보다는 훨씬 순화되듯이 말이다.

스핀 닥터(spin doctor)라는 말이 있다.

정치홍보 전문가를 지칭하는 용어지만 속뜻은 정치적으로 나쁜 내용을 숨겨 좋아보이게 함으로서 유리한 환경을 조성하는 역할 담당자를 뜻한다. '술책'이 '정의'를 이길 수는 없다. 국민을 당장 속일 수는 있지만 그 시간이 그리 오래가지 않는다. 권력을 가진 사람들이 꿩 장수 매 후리듯 국민을 속이고 우습게 여기다가는 송골매가 꿩 사냥 하듯이 국민들이 심판한다.

언제나 국민은 옳다.

나도 사또 너도 사또면 아전은 누가 하랴

모두 다 행세할 일만 하려고 나서면 정작 궂은 일은 할 사람이 없다는 뜻이다.

50여년전 가수 김용만이 불렀던 '회전의자'라는 노래가 있다.

'빙글빙글 도는 의자, 회전의자에 임자가 따로 있나, 앉으면 주인 이지… 아아아 억울하면 출세하라 출세를 하라'라는 가사인데 많은 사람들의 입에 오르내리며 히트곡 반열에 올랐다. 그냥 의자도 아닌 '회전의자'가 상징한 것은 자리중에서도 '높은 자리'였다. 즉 출세와 성공을 의미한 것이다.

근대화 길목에서 신분상승의 욕망은 우리사회 전체를 지배했다. 개룡남(개천에서 용난 남성)은 어려운 집안환경을 딛고 사회적으로 성공을 쟁취한 남성들을 일컫는 말이지만 지금은 '신화'처럼 기억의 저편으로 사라지고 있다. 그런데 자신의 능력과 격에 맞지 않는 자리로 가게 되면 어떻게 될까. 그 경우 제 한 몸만 불행하게 되는 것이 아니라 주변과 사회전체에도 해악을 끼치게 된다. 특히 공적인 영역에서 '높은 자리'일수록 더욱 그렇다.

자기 분수와 능력에 맞는 자리에 가는 것은 대단히 중요하다. 능력의 올바른 사회적 배분 차원을 넘어서 한 개인의 삶이 불행하지 않게 되기 위해서도 그렇다. 최근 몇 년간 한국사회에서 가장 폭발력과 휘발성이 큰 사안으로 부상한 것이 '갑질 논란'이다. 그 대상이 항공기 승무원, 회장님 운전기사, 프랜차이즈 가맹점주, 군 공관병 등 누구인가는 상관없이 사회적 이슈가 되기만 하면 그들에게 갑질을 행한 '높은 분'들은 거의 대다수가 검찰청 포토라인에 선다. 그만큼 국민들의 공분(公憤)을 자아내기 때문이다.

사람이라면 누구나 사또 자리를 선호하지 아전 자리를 원하지 않을 것이다. 그러나 내가 사또직위를 수행할 능력과 품격이 되지 않는다면 아전을 하는 것이 본인을 위해서나 그 주변을 위해서나 사회적 차원에서도 좋은 일이다.

아전 자리에서 잘 배워 사또 자리로 가도 늦지 않다.

나중의 꿀 한 그릇보다
당장의 엿 한가락이 달다

나중의 막연한 큰 이익보다 당장의 작은 이익이 더 낫다는 뜻이다.

꿀과 엿은 단순히 비교하면 잘 차려진 한정식과 컵라면 정도의 차이가 난다. 조금 기다리더라도 나중에 좋은 한정식을 먹는 게 당연한 이치겠지만 사람들은 당장의 배고픔이 심하면 컵라면을 선택한다. 갈증은 물이 저 만치에 있을 때 더욱 기승을 부리는 법이다.

사실 이 속담은 인간의 심리적 본능을 말한 것이다.
먼 장래의 불투명한 큰 이득보다는 작더라도 확실하게 주어지는 눈앞의 이득에 더 손이 가게 된다는 말이다. 특히 경영과 정치 분야에서 이런 현상은 더욱 두드러진다. 일종의 리스크(Risk) 관리 측면에서 나중에 불확실하게 오는 이익보다 지금 손에 쥘 수 있는 성과가 더 낫다고 여기는 것이다.

심리학에서는 이를 '행동 편향(Action bias)이라고 한다.
의미 있게 기다리기보다는 생각 없이 행동하는 쪽을 더 선호하기 때문이란 분석이다. 불분명한 상황에서 우리는 뭔가를 하고 싶은 충동을 느낀다. 페널티 킥을 막아야하는 골키퍼는 상대선수가 어디로 찰지 예측이 안 되는 상황이기 때문에 무조건 좌우를 선택해 몸을 날린다. 조삼모사(朝三暮四)를 보면 이 경우가 들어맞는다. 원숭이들에게 먹이를 아침에 세 개, 저녁에 네 개 주겠다고 하자 반발이 심해서 아침에 네 개, 저녁에 세 개를 주겠다고 하니 좋아했다는 뜻이다.

불확실의 세계에서는 현재가 소중한 법이다.
누군가 그랬다.

인생에서 가장 중요한 금 세 가지는 '황금, 소금, 지금'이라고.

도둑질은 내가 하고 오라는 네가 져라

불법이나 나쁜 짓을 해서 이익은 내가 챙기고
벌 받는 건 남 에게 뒤 집어 씌우는 행위를 말한다.

한마디로 후안무치(厚顔無恥)한 행동이다.

우리가 잘 쓰는 말 중에 '재주는 곰이 넘고 돈은 왕서방이 먹는다' 는 말과 맥락이 닿는다.

언제부턴가 우리 사회에 '대포통장' 이라는 단어가 등장하더니 이제는 흔하게 쓰이고 있다. 대포통장은 통장을 개설한 사람과 실제 사용자가 다른 불법 통장이다. 대포통장의 가장 큰 문제는 이것이 각종 범죄에 중요한 수단으로 악용된다는 점이다. 범죄자들이 범행을 저지른 후 자금추적을 피하는 용도로 쓰기 때문이다. 더 큰 문제는 대포통장의 명의 개설자들이 주로 가출청소년, 노숙자, 신용불량자 들이어서 이들도 범죄의 피해자가 된다는 점이다. 사회적 취약계층들의 어려운 사정을 파고들어 아무것도 모르는 이들을 돈 몇 푼으로 유혹해 범죄에 끌어들이고 정작 자신들은 법망을 빠져나가 큰돈을 만진다.

한때 우리사회에 '바지사장'이란 말도 심심찮게 쓰였다.
회사가 가짜 어음 등을 발행해 부당한 이득을 누리고 엉뚱한 사람을 회사 사장으로 내세워 민형사상의 책임을 지게 하는 것을 뜻한다. 일종의 '총알받이'인 셈이다.

법을 악용해 자신은 도망가고 선의의 피해자가 나오게 되는 것은 대단히 악질적인 범죄행위다. 도둑질한 사람이 그에 걸 맞는 벌을 받는 것은 너무도 당연한 사회적 정의다.

엉뚱한 사람이 오라를 저서는 안 된다.

총명이 둔필보다 못하다

아무리 좋은 두뇌보다도 어설프게 기록한 종이가 더 나은 것이란 의미다.

북한 속담에는 똑똑한 머리보다 얼떨떨한 문서가 낫다는 표현이
있다고 한다. 아무리 뛰어난 머리도 잉크를 따라가지 못하는 법이다.

메모보다 좋은 무기는 없다.

기억하지 말고 기록하는 것이 더욱 효과적이다. 기록되지 않는 기
억은 유통기한이 짧다. 역사는 승리한 자의 기록이라지만 한편으론
기록하는 자의 승리이기도 하다는 얘기도 있다. 조선의 석학이었던
다산 정약용도 18년의 유배생활을 하면서 아들들에게 보낸 서한을
보면 독서의 힘과 메모의 중요성을 강조한 것이 나타난다. 심지어

226

전남 강진에 있는 다산 기념관 비석에는 '동트기 전에 일어나라. 기록하기를 좋아해라. 쉬지 말고 기록해라. 생각이 떠오르면 수시로 기록해라. 머리를 믿지 말고 손을 믿어라.'라고 적혀있다.

독일 속담에도 '천재의 머리보다 한 자루의 몽당연필이 낫다'는 말이 있다는데 동서고금을 막론하고 천재를 이길 수 있는 유일한 방법은 '메모'가 분명한 것 같다. 생각이란 놈은 말하지 않고 기록하지 않으면 모두 흩어져 사라진다.

시간이 갈수록 기록이 기억을 지배하는 법이다.

마른 나무를 태우면 생나무도 탄다

평소에는 안 될 일도 여건이 잘 갖추어지면 이뤄질 수 도 있다는 말이다.

불가능해 보이는 일도 대세를 잘 타면 의외의 결과를 낼 수 있다는 의미도 담겨있다. 2017년 여름 극장가를 강타했던 가장 큰 화제는 영화 '택시운전사'의 천만관객 돌파였다. 당초 선전을 할 것이란 예상은 있었지만 초반부터 엄청난 관객 수를 보이더니 개봉 19일 만에 천 만 명을 넘어섰다. 우리나라 영화로는 열다섯 번째로 천만영화에 등극한 것이다. 영화전문가들은 조금 앞서서 개봉했던 '군함도'가 예상외로 부진하면서 그 반사이익을 누린 것이란 분석도 내놨지만 '택시운전사'가 대세의 흐름을 잘 탔다는 게 일반적인 평가였다.

영화관객이 천 만명을 넘어선다는 것은 그 작품의 완성도 이외에 많은 사람이 공감하는 사회적 메시지가 담겨 있다고 봐야한다. 그 바람은 정치권에서 먼저 불었다. 호남을 최대 지지기반으로 하는 국민의당 주요 인사들은 개봉과 동시에 이 영화를 관람했다. 안철수 대표 정동영 의원 등 중진 의원들도 관람대열에 합류하고 당은 당론으로 발의한 5·18 민주화운동 진상 규명을 위한 특별법 통과를 촉구했다. 문재인 대통령과 전남지사를 지낸 이낙연 국무총리도 이 영화를 관람했다. 보수정당인 바른정당의 일부 지도부도 영화를 관람해 눈길을 끌었다.

이 영화의 흥행성공을 단순히 정치권에서 주도했다고 보기는 어렵다. 오히려 정치권이 이런 민심의 흐름을 읽고 동참함으로써 국민과의 눈높이를 맞춘 것으로 봐야 한다는 분석이 많았다. 문화계 안팎에서는 2016년 말 촛불집회에서 나타난 국민주권이라는 시대정신과 이 영화가 가지는 정치적 메시지가 맞물리면서 천만관객 돌파라는 신기원(新紀元)을 만든 것으로 보고 있다.

시대정신이라는 마른나무에 불이 붙으면서 '택시운전사'는 2017년 가장 많은 국민의 사랑을 받은 영화 반열에 올라섰다.
누구도 예상하지 못했던 생나무가 탄 것이다.

숫돌이 저 닳은 줄 모른다고

숫돌에 칼을 갈 때마다 조금씩 돌이 줄어드는 것을
숫돌은 알지 못한다는 뜻이다.

숫돌은 칼이나 낫 같은 연장을 갈아 날을 세우는데 쓰는 요긴한 농경사회의 돌 도구다. 그런 숫돌에 무엇을 갈 때마다 숫돌 자신은 닳는 것을 잘 알지 못하지만 시간이 흐르면 돌이 패게 되어서 돌의 가운데 홈이 생긴다는 말이다. 일상(日常)의 위대함이다. 이외에도 무엇인가 꾸준하게 쌓이면 큰 결과를 이룰 수도 있다는 의미도 있다.

수적천석(水摘穿石)이라는 사자성어는 물방울이 계속 떨어지다 보면 바위에 구멍을 낸다는 뜻으로 작은 노력이라도 꾸준히 하면 큰일을 낼 수도 있음을 말한다. 저 닳는 줄 모르고 한 우물을 계속 파는 삶은 얼마나 우직하고 위대한가. 그래서 누구나 장인(匠人)을 꿈꿀 수는 있지만 아무나 장인이 되지 못하는 것이다. '한길의 미학' 그 곳에는 단순함의 아름다움과 몰입의 힘, 그리고 자신을 돌아보지 않는 열정이 있다.

'나는 녹슬어 없어지기 보다는 닳아 없어지길 원한다.'
영국의 신학자 조지 휘트필드(George Whitefield)가 한말이다. 단 한번 뿐인 삶이다. 닳아 없어지지 못하고 나태와 미망(迷妄), 물욕에 갇혀 녹슨 채 사라지는 사람이 얼마나 많은가. 녹슬지도 않고 아예 부패해 주변에 악취만 풍기다 가는 사람 또한 얼마나 많은가(노재현 · 〈나를 깨우는 서늘한 말〉)

이 속담은 '우물쭈물 하다가 내 이렇게 될 줄 알았다'는 아일랜드 출신의 소설가이자 비평가 조지 버나드 쇼(George Bernard Show)의 묘비명보다는 훨씬 가슴뛰는 말이 아닌가 싶다.

수풀이 커야 도깨비가 모인다

모든 일에 바탕이 있듯이 일이 성사되기 위해서는
먼저 그에 걸 맞는 기반이 마련돼야 한다는 의미다.

회사후소(繪事後素)라는 사자성어가 있다.

'그림 그리는 일은 바탕이 있은 뒤에야 한다'는 뜻이지만 먼저 자신의 기초를 확립한 뒤에야 형식이나 외양을 갖출 수 있다는 표현이다.

국량(局量)이란 말은 '남의 잘못을 이해하고 감싸주며 일을 능히 처리하는 힘'을 말한다. 이 단어야말로 리더십의 핵심이다. 장자는 마음이 크면 백물(百物)이 두루 통하고 마음이 자잘하면 모든 것이 다 병이라고 했다. 국량은 포용적인 마음이며 밖으로는 타인에 대한 관용의 힘이다. 국량이 큰 사람들은 평정심과 겸양의 자세를 보이고 관용과 포용으로 주변을 감싸며 끊임없이 배움에 정진한다. 반면 국량이 작은 사람들은 편협하고 자만에 찬 모습으로 호승심을 앞세운다. 우리는 지도자의 국량이 작을 때 그 피해는 고스란히 국민에게 돌아간다는 것을 알고 있다. 지도자의 경쟁력, 정치 경쟁력이 그 나라의 민생 경쟁력이다. 정치는 승리를 위해서가 아니라 많은 이들의 삶을 희망으로 이끌기 위해 존재하는 것이다. 그늘이 넓은 나무 밑에 새들이 모이고, 가슴이 넓은 사람 밑에는 사람들이 모인다.

덕승재(德勝材)라고 했다.

덕이 재주를 이긴다는 말이다. 에베레스트가 세계 최고봉인 것도 히말라야라는 산맥위에 얹혀있기 때문이다. 히말라야를 떠나면 에베레스트도 그저 그런 수많은 봉우리의 하나에 불과한 것이다.

큰 북에서 큰 소리가 나는 법이다.

주러 와도 미운 사람 있고
받으러 와도 고운 사람 있다

빚을 받으러 와도 예뻐 보이는 사람이 있고
선물을 가지고 와도 미워 보이는 사람이 있다는 말이다.

상식적으로 본다면 주러 온 사람이 당연히 고마운 대상이고 받으러 온 사람은 밉거나 꺼리게 되지 고와 보일 수 없는 일이다. 그런데 이런 상식을 뒤집는 것은 바로 '태도(attitude)'에 있다. 그래서 '무엇을' 보다는 '어떻게'가 더 중요한 것이다. 아무리 좋은 것을 주러 갔더라도 주는 사람의 태도가 거만하고 상대를 불쾌하게 한다면 그것은 주지 않은 것만도 못하다.

반면 뭘 받으러 가거나 빌리러 갔을 때 상대의 기분을 잘 맞추면서 설득력을 발휘한다면 상대가 흔쾌하게 갚거나 빌려줄 수 있는 것이다. 그래서 '말이 고우면 비지 사러 갔다가 두부 들고 온다'는 말이 있다. 여기에서 '말이 고우면'의 의미는 감언이설 같은 달콤한 말이 아니라 그 사람의 고운 언행, 즉 태도로 보는 것이 맞다. 그래서 '메시지는 마사지여야 한다'는 건 광고업계의 오래된 격언이다. 시장에 먼저 들어가는 것 보다 기억 속에 먼저 들어가는 게 중요하다는 뜻이다.

이미지란 인간이 어떤 대상에 갖고 있는 주관적 지식, 신념, 인상의 집합이다. 단순히 인지적 차원에서 머무르는 게 아니라 대상에 대한 감정과 행동에도 작용한다. 정치권에서 여야가 협상하는 것을 볼 때 가끔 '말꼬리 잡기'라는 생각이 드는 것은 필자만이 느끼는 건 아닐 것이다. 곱게 말을 해도 서로의 입장 차이를 좁히기가 쉽지 않을 여건임에도 상대가 아파할 만한 말들만 골라서 공세를 펼치기도 한다. 그렇게 공방이 오가다 보면 결국 남는 것은 서로의 불신과 더 멀어진 간극뿐이다.

한 나라 정치의 수준은 그 나라의 정치인의 언행을 보면 안다고 했다. 정치인에게 언행의 품격은 그가 입은 옷과 같다.

향기 나는 미끼 아래 반드시 죽은 고기 있다

달콤한 유혹 뒤에는 반드시 대가가 따른다는 뜻이다.

2016년 9월 28일 시행된 부정청탁 및 금품 등 수수의 금지에 관한 법률(부정청탁금지법·김영란법)이 통과된 후 우리 사회의 접대문 화와 선물을 대하는 풍속도가 바뀌었다. 그 법이 시행된 직후 몇 달 동안은 사회 전체가 얼어붙었다 해도 과언이 아닐 정도로 심리적인 위축이 심했지만 지금은 어느 정도 정착돼 가는 분위기다.

과거 우리 사회에 만연했던 '스폰서' 문화와 '우리가 남이가'라는 문화는 '끼리끼리'의 폐해를 양산시키고 결국 사회 전반에 걸쳐 '모두가 도둑놈'이란 범죄적 동질성까지 만들어냈다. '미끼'는 무

236

섭다. 모든 것이 처음에는 다 비슷하다. 사회에 각 분야에 포진한 이른바 '갑'들이 그들 앞에 던져진 미끼를 물면 그 다음 순서는 밥자리, 술자리, 운동(골프)을 거쳐 '작은 성의'가 오고간다. '작은 성의'가 일상화 된 다음에는 서로 한 배를 탄 운명이 된다.

미끼가 반짝거리고 향기가 진할수록 그 것을 물은 고기는 죽을 확률이 대단히 높을 수밖에 없다. 득에는 실이 따르는 법이고 이익에는 반드시 부담이 주어진다. 견리사의(見利思義)라는 말이 있다. 눈앞의 이익을 보거든 그것을 취하는 것이 의(義)에 합당한지 먼저 생각하라는 뜻이다. 공직자뿐만이 아니라 누구라도 여기에서 벗어날 수는 없다. 익숙한 관행과의 결별이 새로운 문화를 정착시킬 수 있다. 함정도 사람들이 자주 다니는 곳에 파두기 마련이다. '쉽게 돈벌 수 있다'는 말의 이면에는 '쉽게 감옥갈 수 있다'는 속뜻이 붙어 있는 것이다.

'대박이 터졌다'는 말도 유심히 봐야한다.
미국 건국의 초창기에 있었던 골드러시 시절 실제로 돈을 번 사람들은 금맥을 찾아 나선 사람들이 아니었다. 정말 부자가 된 사람들은 이들에게 공구와 청바지를 판 사람들이었다. '향기'는 그냥오지 않는다. 그에 상응하는 대가를 반드시 요구한다.

큰 집이 천간이라도
잠자리는 여덟 자 밖에는 안 된다

집이 아무리 크고 화려해도 잠을 자는 공간은 크지 않다는 뜻이다.

아무리 외형이 크고 화려해도 실제 자기가 누릴 수 있는 건 작은 것에 불과하다. '수의에는 주머니가 없다'라는 말이 있다. 살아 있을 때는 재벌 회장이든 권력자든 누릴 수 있는 것은 다 누리는 것 같지만 실제 죽고 나면 남는 것은 수의 한 벌 뿐이고, 그 수의에는 주머니조차 없어서 어떤 것도 담아갈 수 없다.

죽고 나서 가지고 갈 수 있는 것은 내가 살아서 보여줬던 말과 행동이고 그로 인한 삶의 기억들만 남긴다. 세상 떠날 때 그 어떤 것도 지닐 수 없다는 건 모두에게 적용된다. 인간의 삶은 공수래(空手來)

공수거(空手去)라고 했다. 빈 손으로 왔다가 빈 손으로 가는 게 사람의 한 평생이다. 자신이 사는 동안 '어떻게 살다갈 것인가'가 핵심이지 '무엇을 주고 갈 것인가'는 그리 중요하지 않다.

우리 사회에 최근 들어 '금수저' '흙수저'라는 말이 '핫'하게 부상하고 있다. 이른바 계층 간 갈등을 표현하는 시사용어인데 이 단어의 파급력이 크다는 건 '계급론'이 사회저변에 깔려 있다는 방증이다. 수저론에 많은 사람들이 공감하는 것은 소득분배 정책에 대한 반발심 때문이겠지만 그 수저 또한 죽을 때 가져갈 수 없는 '심리적 상징'에 불과하다. 수저로 인한 마음의 갈등과 울화가 크다고 해도 현재의 나를 이기지는 못한다.

우리 선조들도 집이 천간이라도 그것은 외형에 불과하다고 봤다. 당장 편하게 누울 잠자리가 더 소중하며 그런 마음의 풍요가 재산보다 더 중요하다고 갈파한 것이다. 지금 내 가족들과 행복하게 누리는 시간이야말로 최고의 삶이다.

그 행복은 인생이라는 고속도로에서 우릴 감싸주는 '안전벨트'임이 분명하다.

간장에 전 놈이 초장에 죽으랴

인생 산전수전을 다 겪은 사람이 사소한 일을 무서워하겠느냐는 것을
비유적으로 이르는 말로 요즘 말로는 '막장 인생'을 뜻한다.

비슷한 사자성어로 이판사판(理判事判)이 있겠다.

한자인 이판과 사판이 붙어서 된 이 말은 조선의 억불숭유 정책
때문에 사실상의 조선 최하위 계층이 된 승려들을 지칭하는 의미로
쓰였다. 이판은 참선 등을 통해 수행하면서 불법(佛法)을 공부하는
승려를 일컬었고 사판은 사찰에서 잡역에 종사하는 승려들을 지칭
했다. 승려의 분야를 나눈 이 말이 부정적 의미로 대중화 된 정확한
이유는 모르겠지만 '끝장'을 의미하는 말로 널리 퍼져있다.

유사 속담으로는 '청명에 죽으나 한식에 죽으나'란 말이 있다.

간장에 전 놈이 초장에 죽으랴 이 속담은 한마디로 '결연한 의지'를 말하는 것이다. 조금 의미는 다르지만 사즉생(死卽生) 생즉사(生卽死)라는 말도 비장감 측면에서 동질성이 있다. '죽기로 각오하면 살 것이요' '살자고 하면 죽을 것이다'라는 뜻이다. 임진왜란 당시 부하들에게 임전무퇴의 정신을 독려했던 충무공 이순신 장군의 말씀인데 이 말에는 목숨을 초개처럼 생각했던 충무공의 국가관과 군인정신이 담겨있다. 이 말은 정치인들이 출사표를 던질 때 자주 쓰는 용어이기도 하다.

사즉생이 무서운 건 그것이 이미 죽음 따윈 생각하지 않는 '끝장정신'이기 때문이다. 간장에 절일대로 절여진 사람이 초장그릇에 뒹구는 걸 두려워할까. 이미 갈 데까지 다 간 사람인데.

거지가 도승지를 불쌍하다 한다

구걸하는 거지가 오히려 고위직 관료를 동정한다는 뜻이다.

조선시대 도승지라면 지금의 대통령 비서실장이다.

왕의 비서실 역할을 했던 승정원(承政院)의 6승지 중 수석 승지인 도승지는 정3품의 당상관이 맡는 고위관직이었다. 그런데 길에서 구걸하는 거지가 도승지를 불쌍하다고 한다니 이는 무슨 말인가.

이 속담은 두 가지 의미가 있다.

하나는 앞뒤가 맞지 않는 세상사를 이르는 말이고 두 번째는 나랏일에 매일 쫓기며 사는 도승지보다 얻어먹는 거지가 더 마음 편하다는 뜻이다. 필자는 이 속담의 의미를 두 번째에 두고 싶다. '절대

행복'이라는 말이 있다. 남과 비교해서 상대적 우위를 차지할 때 얻을 수 있는 행복보다 자신이 행복하다고 느낄 때가 진정한 행복이라는 것이다. 우리 헌법 제10조는 "모든 국민은 인간으로서의 존엄과 가치를 가지며, 행복을 추구할 권리를 가진다"고 '행복추구권'을 명시하고 있다.

'행복'은 무엇을 이루거나 성취했을 때, 원하던 것을 얻었을 때만 드는 감정이 아니다. 그리스의 유명한 철학자 디오게네스는 당대 최고의 권력자였던 알렉산더 대왕이 거리에 앉아있던 그에게 다가가 원하는 것이 무엇이냐고 묻자 지금 쬐고 있는 햇볕을 가로막지 말고 조금만 비켜 달라고 했던 일화는 '행복은 주관적'이란 점에서 시사하는 바가 크다. 행복은 쟁취하는 것이 아니라 그냥 누리는 것이다.

타인에게 방해받지 않고 내 삶을 마음대로 누리는 것이야말로 '내 행복의 시작'이다. 비가 오나 눈이오나 매일 이른 새벽부터 입궐하는 도승지를 바라보는 거지의 시선이 안타까울 수도 있는 이유다.

여우 피하려다 호랑이 만난다

작은 장애물을 피하려다 더 큰 어려움을 만난다는 뜻이다.

중학교 시절에 배웠던 시조가 있다.

조선 중기 무관이자 정치가였던 장만(張晩·1566~1629)이 쓴 시조다.

풍파에 놀란 가슴 배 팔아 말을 사니 구절양장이 물보다 어려워라
이후에는 배도 말도 말고 밭갈이만 하리라.

장만 장군은 문관으로 출사했지만 이괄의 난(1624)을 평정하고
정묘호란(1627)을 막아내며 무관의 최고위직인 도원수와 체찰사를

244

역임하는 등 조선 중기 군정과 국방을 책임진 인물이다. 특히 조선 8도 전체를 총괄하는 팔도 도체찰사에 임명된 사례는 조선역사에서 장만 장군이 유일한 것으로 알려져 있다. 병자호란 당시 남한산성에서 주화파로 나섰던 최명길이 그의 사위다. 국어사전에 올라와 있는 단어인 필요한 것을 사거나 만들거나 갖춘다는 의미의 '장만'은 장만 장군을 지칭해서 사용됐다는 설도 있어 그가 민심에 큰 영향을 끼쳤음을 알 수있다. 일각에서는 이 시조에 대해 당시 장만 장군이 왕으로 섬겼던 선조, 광해군, 인조에 대한 심경을 표현했다는 정치적인 해석도 있다.

어쨌든 물고기를 잡는 어부의 삶이나 말을 가지고 상품을 거래하는 상인의 삶이나 자신의 일에 최선을 다했을 때 자족감은 오는 것이다. 밭가는 농부의 삶이 어부나 상인의 삶보다 평안하고 좋을 것이란 법은 없다. 다만 주어진 자신의 일에 최선을 다할 뿐이다. 여우 피하려다 호랑이 만나고 오토바이 피하다 트럭 만날 수도 있다.

세상에 거저 먹는 일은 없다.

Ⅲ 살며 사랑하며

미인 소박은 있어도 박색 소박은 없다

미인은 교만한 자세로 인해 소박을 맞을 가능성이 높지만
미모가 떨어지는 여자는 태도가 좋아서 소박을 맞지 않는 다는 뜻이다.

한 꽃 전문가가 미인을 형용할 때 쓰는 표현으로 '일어서면 작약, 앉으면 모란, 걸으면 백합'이라는 말을 한 적이 있다. 작약은 가지가 갈래로 나뉘지 않고 똑바로 자라기 때문에 서있는 모습이 아름답고 모란은 가지가 나누어져 낮게 옆으로 퍼지므로 온화하고 청초한 미인에 비유한다고 했다. 백합은 전체적인 자태가 우아해 조금 떨어져서 관상하면 좋은 꽃이라는 의미일 것이다. 여성을 꽃에 비유하는 것에 대해 일부의 부정적인 의견도 있지만 여성의 아름다움을 표현하기에는 꽃 만한 대상이 없다고 생각한다. 작약, 모란, 백합에다가 장미, 수선화 등 다양한 꽃들이 여성들의 미모를 상징하는데

쓰인다.

그러나 우리 선조들은 아름다운 꽃이 가시가 있는 것처럼 미인들의 결혼생활이 오히려 순탄하지 못하다는 점을 간파했다. 이 속담이 바로 그런 뜻이다. 예쁘게 생겼지만 성격이 표독스럽고 이기적인 미인보다 비록 미모는 약간 떨어져도 주변과 화목하게 지내려는 여자가 낫다는 의미다. 미인들은 자신의 아름다움을 내세워 생활이 게으르거나 가족들과 원만하지 못하게 지낼 수 있지만 얼굴보다 마음이 고운 여자들은 가족들과의 유대가 좋고 성실하게 생활할 가능성이 높다고 본 것이다. 우리의 오래된 유행가 가사에도 '마음이 고와야 여자지 얼굴만 예쁘다고 여자냐. 한번만 마음 주면 변치 않는 여자가 정말 여자지'라는 노랫말이 있다. 여자의 진정한 아름다움은 심성(心性)에 있음을 강조하고 있다.

어디 여자만 그럴까.

남자에게도 이 말은 똑같이 적용된다. '인물 값' 하는 것보다 '마음 값' 하는 남자들이 여자들의 사랑을 더 받는 것은 당연한 이치다.

밥은 봄같이 먹고 국은 여름같이 먹고
장(醬)은 가을 같이 먹고
술은 겨울 같이 먹어라

밥은 따뜻하게, 국은 뜨겁게, 장은 서늘하게, 술은 차게 마셔야 한다는 의미다.

이 말은 조선시대 일종의 여성생활백과였던 〈규합총서(閨閤叢書)〉에 기록돼 있다. 음식과 술을 제대로 즐기는 최적의 온도를 사계절에 비유해 쉽고 재미있게 표현했다.

2~3년 전부터 한국사회를 뜨겁게 달궜던 미디어 소재 중 하나가 이른바 '맛집 탐방' '먹방' '쿡방'이다. 오죽하면 '대한민국은 먹방, 쿡방 공화국'이라는 말까지 나오고 있다. 먹방과 쿡방이 인기 연예인과 유명 요리사들을 등장시켜 치열하게 경쟁하면서 탐욕스럽게 먹는 식욕과 음식의 외형만이 난무하자 '푸드 포르노' '푸디즘'

이란 사회적 비판도 나오고 있다. 음식을 즐기고 탐미하는 것이 아니라 오직 식욕을 향한 탐식만이 질주하는 모습이다. 요리사이자 음식 프랜차이즈 사업가인 백종원은 "음식이란 의식주의 하나이자 오욕칠정이 들어가는 것이다. 그래서 반드시 필요한 것이고 자기가 즐기거나 자제해야 한다. 뭐든 과하면 문제가 된다."고 지적했다.

우리 선조들이 음식을 단순하게 대한 것 같지만 그 안에는 깊은 철학이 담겨있다. 따뜻한 밥과 뜨거운 국 그리고 서늘하게 비벼먹는 장과 차가운 반주(飯酒)는 소박하지만 잘 어울리는 음식의 '마리아주'였다. 그 속에는 사계절이 바뀌는 기후에 적응하는 농경국가의 지혜도 담겨 있다. 인간은 자신과 같은 음식을 좋아하고 먹는 사람들에 대해 유대감을 느끼는 속성이 있다.

이와 관련해 문화인류학자 김현경은 역대 대통령들이 주로 먹는 음식에 대해 흥미로운 분석을 내놨다. "한국의 유권자들은 자신의 이해를 대변해 줄 사람이 아니라 식성이 비슷한 사람에게 투표하는 경향이 있다. 그래서 선거철이 되면 대선 후보들이 앞 다투어 재래시장으로 달려가서 어묵을 먹는 진풍경이 벌어진다. 김영삼의 칼국수, 김대중의 홍어, 이명박의 국밥을 떠올려 보라."

우리가 먹는 것이 곧 우리다.
좋은 음식은 단순하다.

251

원님과 급창이 흥정을 해도 에누리가 있다

어떤 상황에서도 협상과 흥정은 가능하다는 뜻이다.

　원님은 한 고을의 수장이고 급창(及唱)은 관아에 소속돼 원의 명령을 수행하던 남자종이다. 관아의 최고위직과 최하계급은 일방적인 관계지만 만일 두 사람이 흥정을 하게 된다면 그 상황에도 에누리가 있다는 뜻이다.

　이 말은 경제학 측면에서도 합당한 행동이다.
　정박효과(Anchoring effect)란 심리학 용어가 있다. 배가 닻(anchor)을 내리면 닻과 배를 연결한 밧줄의 범위 내에서만 움직일 수 있듯이 처음에 인상적이었던 숫자나 사물이 기준점이 되어 그

후의 판단에 비합리적인 영향을 미치는 현상이다. 그래서 흥정할 어떤 물건에 처음 부르는 값은 기준이 분명하거나 합리적으로 정해진 가격이 아니라는 것이다. 따라서 첫 가격은 나중에 깎아 줄지언정 싸게 부르지 않기 때문에 물건을 사고 팔 때에는 반드시 에누리가 있어야 한다는 것이다.

상인들의 거래가 이럴진대 국민의 삶을 놓고 다루는 정치에서의 흥정은 어떨까. 정치에서 거래나 흥정이란 표현은 어둡고 부정적인 의미로 쓰이지만 사실 정치적 선택이란 선과 악사이의 선택이 아니다. 사람들이 좋아하는 것과 싫어하는 것 중의 선택이다.

정치에서는 '초지일관' 보다는 '시의적절'이 더 중요하다.
따라서 정치가 극단을 달리거나 파국으로 치닫고 있다면 흥정이 필요하다. 정치가 그 역할을 못할 때 정치의 본령을 되살리는 흥정은 위대한 흥정이다. 정치의 최종 역할은 갈등의 조정이고 파국을 막는 것이다.

술 값 천년이요 약 값 만년이라

술은 마시는데 드는 돈보다 그로인해
병을 치료하는데 들어가는 돈이 더 많다는 말이다.

영국 수상을 지낸 글래드스턴은 술에 대해 이런 말을 했다.

"전쟁, 흉년, 전염병 이 셋을 합해도 술이 인간에게 끼치는 해악보다는 적을 것이다." 대개 술 소비 중 맥주 비중이 높은 나라일수록 민주화 수준이 높다고 한다. 비싼 술보다 대중적인 맥주소비가 많다는 건 서민들도 술자리를 즐긴다는 의미고 이는 경제적 평등이 정치 민주화 지수로 동일하게 치환된다는 의미다. 대선 후보들이 자신의 소통 메시지를 전하기 위해 '호프집 토크'를 자주 보여주는 것도 이와 무관치 않을 것이다. 술은 사람의 삶을 풍요롭게 하는 하나의 도구여야지, 질병보다도 나쁜 존재가 돼서는 안 된다.

술 마신 후 먹는 최고의 음식은 해장국이다.

해장(解腸)은 해정(解酲)에서 나온 말이다. 정(酲)은 술 때문에 걸린 속병이다. 이 속병을 풀어주는 것이 바로 해장국이다.

술꾼으로 인정받기 위한 시중에 나도는 네 가지 조건을 소개한다.

1. 주야 불문: 낮과 밤을 가리지 않는다.
2. 주종 불문: 술 종류를 가리지 않는다.
3. 안주 불문 :안주를 고르거나 가리면 안 된다.
4. 장소 불문: 언제 어디서라도 마신다.

이 4대 불문 보다 더 중요한 술의 불문율(不文律)은 사람이 술을 마셔야지, 술이 사람을 먹어서는 안 된다는 것이다.

술은 즐겁고 적당해야 한다.

그것이 진정한 주당(酒黨)들의 진리다.

숲 속의 꿩은 사냥개가 내몰고
가슴 속의 말은 술이 내몬다

술을 마시면 가슴 속에 간직했던 말들이 솔직하게 나온다는 뜻이다.

인생은 술이고 술은 인생이다.

사오십 대 한국의 남자들의 인생을 키운 건 8할이 소주와 삼겹살이다. 지금은 소폭, 와인, 수제맥주 등 다양한 주류와 음주방식이 등장하고 있지만 누가 뭐래도 삼겹살과 소주는 국민안주와 술이다.

과도한 술은 모든 질병의 근원이고 죄악의 뿌리이며 고통의 원천인 줄 알면서도, 밤의 즐거움이 아침의 괴로움으로 남는다는 것도 매일 경험하지만 오늘도 또 들게 되는 술잔의 마력, 그이유는 뭘까. 그래서 술을 시름을 잊는 도구라는 의미의 망우물(忘憂物)이라고 했

256

던 것일까. "술은 가성(假性)의 죽음이다. 꿈의 유사품이다. 고금의
재인(才人) 대부분이 술과 친한 것도 이 때문이다(소설가 성석제)"
가슴속의 말을 왜 술이 내몰까. 술기운이 체내에 퍼지면 이성은 무
뎌지지만 감성은 풍부해지고 본성은 솔직해지기 때문일 것이다.

누군가 건배사에서 이렇게 말했다.
'냉주상위(冷酒傷胃) 독주상간(毒酒傷肝) 무주상심(無酒傷心)' 찬
술은 위를 상하게 하고, 독한 술은 간을 상하게 하지만 술이 없으면 마
음이 상한다는 뜻이다. 술은 사람의 마음과 마음을 이어주기도 한다.

그러나 이렇게 인생을 풍요롭게 하는 술도 마무리가 좋아야 탈이
없다. 바로 음주운전이다. 문재인 정부 출범 후 장관 인사청문회에
서 송영무 국방부장관, 조대엽 고용노동부장관 후보자는 음주운전
사실이 드러나 곤욕을 치렀다. 결국 송 후보자는 우여곡절 끝에 통
과했고 조 후보자는 자진사퇴 형식을 취했지만 국민은 낙마로 받아
들였다. 즐겁게 마신 술이 흉기로 변하는 건 순식간이다.

음주운전이 명백한 간접살인 범죄라는 게 사회저변의 인식이 된
지 오래다. 연예인들도 음주운전 사실이 적발되면 활동을 중단하거
나 은퇴를 하기도 한다. 공직자의 꽃인 장관들이 음주운전 논란에
휘말린다는 것 자체가 부적절한 처신이고 부끄러운 우리 사회의 자
화상이다.

좋은 버릇은 들기 어렵고
나쁜 버릇은 버리기가 어렵다

자신에게 유익한 습관은 유지하기가 쉽지 않고
나쁜 버릇은 계속 남아 있다는 뜻이다.

조선시대 사명대사는 '세상이치는 단번에 깨달을 수 있지만 버릇은 한 번에 고치지 못 한다'고 했다. 그만큼 버릇은 바꾸기가 어렵다는 뜻이다. 버릇은 그냥 생기지 않는다. 같은 행동을 반복할 경우에 생긴다.

우리 주변에는 이를 경계하는 말들이 많다.
'제 버릇 개 못 준다' '세살 버릇 여든까지 간다' 등과 '도벽(盜癖)' '주벽(酒癖)' '부랑벽(浮浪癖)' 등 많은 습벽(習癖) 들을 볼 수 있다. 왜 좋은 버릇은 들기 어렵고 나쁜 버릇은 버리기 어려울까. 좋은 버릇은 지루한 것을 반복해야 하지만 나쁜 버릇은 쾌락을 느끼기 때문이다. 예를 들어 메모가 좋은 습관이라는 것은 알지만 매일 반복하기는 쉽지 않다. 반면 남의 물건을 슬쩍 가지고 가는 게 한번 두 번 성공하다보면 그 쾌감을 느끼다가 결국 나중에 도벽이 되는 것이다.

원래 비결이란 단순하다.

문제는 그 단순한 것을 매일 실천하기가 어렵다는데 있다. 그래서 단순한 것이 비결이 되는 것이다. 좋은 버릇 들이기의 첫 번째 순서는 미루지 말고 바로 지금 시행하는 것이다. '나중에' '언젠가' '조만간'은 결국 쓸모없는 말들이다. 중요한 것은 '항상 지금'이고 멀리 보이는 거창한 구상보다 작지만 좋은 습관부터 시작해보는 것이다.

목표(目標)가 왜 목표냐 하면 눈에 보이는 만큼만 정하기 때문이다. 큰일은 작은 것에서부터 시작해보고 어려운 일은 쉬운 일에서부터 시작해보자.

좋은 습관은 작은 반복으로부터 생긴다.

주색(酒色)에는 선생이 없다

술과 여자를 찾고 탐하는 것은
누가 가르쳐주지 않아도 자연히 배운다는 말이다.

황음무도(荒淫無道)란 사자성어가 있다.

술과 여자에 빠져서 사람의 마땅한 도리를 돌아보지 않는다는 뜻이다. 이에 맞는 조선역사의 대표적인 군주로는 연산군을 꼽을 수 있겠다. 조선역사에 유례가 없는 채홍사(彩虹使)란 관직까지 신설해 전국의 미녀들을 모아들이고 폭정을 일삼은 연산군의 말로는 폐주(廢主)였다.

왜 옛 어른들은 주색에는 선생이 필요하지 않다고 여겼을까. 술과 여자는 누가 가르쳐서 도(道)를 깨우치는 것이 아니라 인간의 본성과 스스로의 마음자세에 달려 있다고 여기지 않았나 싶다. 우리 사회를 보면 술과 여자에 빠져 가정을 돌보지 않은 가장의 일탈과 유흥비를 마련하기 위해 강도, 살인을 저지르는 패륜 사례도 자주 목격한다. 스스로를 경계할 줄 아는 사람은 올바른 주도(酒道)가 있고, 여성에 대한 자기 기준이 분명하다. 그 이성이 본능을 통제하는 것이다.

우리 사회는 술에 대해 관대한 문화가 있다.
범죄를 저지른 사람이 술에 취해 저지른 일이라고 하면 심신미약 상태라는 점을 들어 엄벌에 처하지 않는다. 그래서 사회적인 논란이 벌어지기도 한다. 술자리를 잘 활용하면 인간관계에 큰 도움이 된다. 짐작(斟酌)과 참작(參酌), 작정(酌定)과 무작정(無酌定) 등은 모두 술 문화에서 나온 말이다. 상대가 어떤 목적을 의도하고 일을 꾸미는 행동을 보면 우리는 '수작 부린다'고 한다. 수작(酬酌)은 술잔을 주고받는 것이다. 술잔을 주고받다보면 자연스레 정도 오가는 법이어서 그 말이 일상에서 사용범위가 넓어진 것이다. 술잔을 주고받는 힘은 이렇게 크다.

주색에는 선생이 없다고 했지만 주도에는 선생이 있고 가르침이 있다. 탐하기 보다는 즐기고, 빠져들기 보다는 누리자.
그게 선생이다.

친구는 삼색친구도 있고
구색친구도 있어야 한다

사람은 주변에 친구가 다양하게 있어야 좋다는 의미다.

아리스토텔레스는 '친구란 두 개의 몸에 깃든 하나의 영혼'이라고 했다. 친구란 사전적인 의미로 가깝게 오래 사귄 사람이지만 우리는 '친구'라는 말에서 편안함과 행복감을 느낀다.

'친구 따라 강남 간다'는 말이 있을 정도로 친구는 의존적인 존재고 '친구 잘 사귀어야 한다'는 부모님의 말씀은 친구가 아들에게 미치는 영향이 지대하기 때문이다. 그래서 친구를 보면 '그 사람'을 알 수가 있고 한 사람의 인생에서 진정한 다섯 명의 친구가 있다면 성공한 삶으로 평가받는다. 이 속담은 친구의 범위가 넓고 다양해야 한다는 점을 강조한다. 친구 층이 두텁지 않다면 그 사람의 인생관이 넓지 않다는 것을 방증한다. 반면 다양한 친구들이 주변에 있다면 그 사람은 인성뿐 아니라 사람과 교감하는 능력도 탁월한 것이다.

　이 속담에서의 구색은 아홉 가지 색을 의미하겠지만 여러 가지 물건을 고루 갖추고 있다는 의미의 구색(具色)으로도 쓰일 수 있다. 친구가 반드시 많아야 하는 것은 아니지만 좋은 친구들이 주는 힘은 단순한 우정을 넘어 한 사람의 삶에도 지대한 영향을 미친다.

　'좋은 친구'는 '좋은 인생'이다.

한량은 죽어도
기생집 울타리 밑에서 죽는다

술과 여자를 좋아하는 사람은 평생 그 주변에서 벗어나지 못한다는 뜻이다.

40대 이상 된 중년들은 어린 시절, 신라시대 삼국통일을 이룬 주역 김유신 장군이 자신이 아끼던 애마의 목을 자른 이야기를 책에서 본적이 있을 것이다.

김유신 장군이 청년 무렵에 기생이었던 천관(여염집 여인이었다는 말도 있다)과 사랑에 빠져 그녀의 집을 자주 찾았다. 그러나 자신의 어머니에게 엄한 훈계를 듣고 다시는 가지 않겠다고 다짐 했지만 어느 날 술에 취해 깜빡 조는 사이 자신의 애마가 천관의 집으로 간 것이다. 잠에서 깬 김유신은 그 말의 목을 쳤고 그 길로 천관과의 관계는 끝이 났다는 얘기다. 삼국통일의 대업을 완수한 김유신은 먼저 저 세상으로 간 천관을 추모하기 위해 '천관사'라는 절을 지었다고 한다.

우리는 이 이야기에서 '습관의 무서움'과 '출세를 향한 집착'을 함께 볼 수 있다. 말은 주인의 뜻을 거역하지 않는다. 김유신 장군은 거의 매일 하루 일과가 끝나면 귀가 하듯이 천관녀의 집을 찾은 것이고 말은 주인의 특별한 지시가 없었으므로 또 그 집으로 향한 것이다. 말은 죄가 없었다. 그렇게 거의 매일 찾을 정도의 사랑을 버린 것은 '성공에 대한 집착'과 '출세를 향한 의지' 때문이었다.

조선시대 한량이란 대부분 사대부 집안의 자제들이었을 것이다.
공부하기 싫은 젊은 사대부들이 기생을 찾는 것은 '꽃 본 나비'처럼 당연한 일이었을 터. 돈 떨어지고 늙어가도 '버릇의 위력'은 똑같이 나타난다. 그래서 늘 하던 대로 기생을 찾는 것이고 만나주지 않으면 울타리 밑에서라도 있는 것이다.

어떤 행위나 쾌락에 깊숙하게 빠져드는 것을 중독(中毒)이라고 한다. 중독은 독의 한가운데 있다는 말이다. 모든 중독은 무섭다.
그것은 인간의 자유의지를 억압하기 때문이다.

한숨 많은 과부가 개가(改嫁)한다

혼자 된 과부는 견디기 어려워할수록 다시 결혼할 가능성이 많다는 뜻이다.

추선(秋扇)은 가을부채를 말한다.

부채는 여름에나 쓰이지 가을이 오면 쓸모없어지는데 이를 비유
해서 남자의 사랑을 잃게 된 여인을 말한다. 남편을 잃고 혼자가 된
여자의 외로움은 몹시 힘든 괴로움일 것이다. 그걸 이겨내기가 어
려운 과부들은 한숨을 많이 쉬었을 것이고 그 한숨이 깊어지고 횟
수가 많아지면 결국 다시 결혼하게 된다는 말이다. 독수공방(獨守
空房)은 애간장이 타는 시간이었고 남편을 향한 사무치는 그리움의
공간이었을 것이다. 그걸 견디기 위해 '바늘'이 동원되고 '냉수목
욕'으로 참아내야 했을 터.

지금은 이 속담의 보편성이 사라졌다. 과부의 재혼을 이르는 개가는 지금에 와서 '재혼은 필수'라는 말이 자연스럽게 나오는 시대가 됐다. 이혼과 재혼은 과거에 쉬쉬하며 감추는 얘기였지만 이제는 부끄럽게 여기거나 숨기지 않는다. 결혼 자체가 필수가 아닌 선택이 된 것처럼 이혼과 재혼도 자신의 의사에 따라 당당하게 선택하고 있다.

최근 '졸혼'도 새롭게 다가온 사회적 풍경이다.

'결혼을 졸업 한다'의 의미의 졸혼은 쉽게 표현하자면 합의에 의한 별거인데 이혼과 달리 법적 혼인은 유지하되 서로 사생활에 간섭하지 않고 자유롭게 사는 개념이다. 옛날에는 한숨 많은 과부가 개가했지만 지금은 결혼생활에서 부부의 한숨이 많아지면 갈라선다고 한다.

결혼은 판단력 부족, 이혼은 인내력 부족, 재혼은 기억력 부족이란 말이 있다. 결혼할 때는 한 가지 이유밖에 없지만 이혼할 때는 백가지 이유가 나온다고 한다. 남들 눈치 보며 한숨 쉬기보다는 한 번의 실패가 더 좋은 선택이 될 수 있도록 지혜로 삼으면 된다.

훈수는 뺨 맞아가면서 한다

남의 것에 감 놔라 배 놔라 하는 재미는 쉽게 그만두기 어렵다는 말이다.

훈수(訓手)란 바둑이나 장기를 둘 때 구경하던 사람이 끼어들어 수를 가르쳐 주는 것을 의미하지만 남의 일에 끼어들어 이래라 저래라 하는 행위도 포함된다. 훈수 잘하는 사람은 오지랖이 넓은 사람으로도 인식된다. 아마추어 바둑판에서는 훈수가 쏠쏠한 재미를 부르기도 한다.

훈수 둘 때 수가 더 잘 보이는 이유는 뭘까.

그것은 제3자에게 충고하듯 문제를 바라보기 때문이다. 사람은 자기만의 감정이나 특별한 동기, 순간적인 감정에만 갇혀 있을 때가 많다. 이런 시각을 극복하고 상황을 더욱 냉철하고도 합리적, 객관적으로 바라보려면, 자기만의 관점에서 벗어나 가장 친한 친구에게 충고나 조언하듯이 가볍게 툭 던지는 것이다. 그 훈수가 의외의 성과를 내는 경우가 많다.

훈수의 본질은 꼬인 줄을 풀고 좀 더 나은 방향을 제시하는 '조언'이지 그 자체로 정답을 주는 것은 아니다. 훈수하는 사람은 상대방에게 강요하거나 설득하려고 해서는 안 된다. 어디까지나 '나침반'의 역할에 충실해야 하고 상대가 정확한 판단을 할 때까지 기다려주는 자세를 가져야 한다. 축구장에서 선수들 뛰는 게 맘에 들지 않는다고 심판이 직접 공을 찰 수는 없는 노릇이다. 훈수꾼의 자세를 넘어 본인이 직접 나서거나 상대에게 강요할 때는 멱살을 잡히거나 뺨도 맞는다.

무엇이든 분수를 넘어서지 않아야 좋은 것이다.
과도한 훈수보다는 침묵이 더 낫다.

흉 없는 혼례 색시 없고
욕 안 먹는 초상 상주 없다

처음 결혼하는 신부라도 사연이 있을 수 있고
정성을 다해 상(喪)을 치러도 뒷말이 나온다는 뜻이다.

세상에 완벽한 인간은 없다.

누구나 완벽함을 꿈꾸고 살아가지만 그것이 언제나 허망한 일이라는 것은 인생 중반부에 들어서면 도리 없이 다 깨닫게 된다.

그러나 최근 미디어의 발달과 각종 사회관계망 서비스(SNS)의 확산으로 인해 '완벽함의 허상'들이 인간사회를 지배하고 있다. 남들에게 어떻게 보이고 평가받느냐에 따라 자기 삶의 행복기준이 바뀌는 것이다. 그냥 신경 쓰지 말고 살아도 될 일인데 남들의 평판에 따라 기뻐하고 우울해하고 화를 낸다. 이른바 '소셜 시대의 그늘'

이다. 인간사회 대부분의 불행은 사람에게서 시작되는 법이다. 정확하게는 사람들의 언어, 즉 평판이나 평가에서 온다.

인생이 행복하고 자유로워지기 위해서는 주변의 시선이나 평판으로부터 해방되어야 한다. 남이 나를 훌륭하다고 평가해서 내가 훌륭해지는 것이 아니고, 남이 나를 험담한다고 해서 내가 형편없는 사람이 되는 것도 아니다. 일희일비(一喜一悲)라는 말이 있다. 남들의 평판으로 인해 기쁨과 슬픔이 하루에도 수십 번씩 반복된다면 그 삶의 주인은 자신이 아니다. 평정심을 유지하면서 일상의 작은 일을 찬찬히 돌아보는 것이야말로 내 '행복 찾기'의 첫 순서가 아닐까.

우리 조상들은 알았다.
처음 결혼하는 새댁도 작은 흠결이 있을 수 있고 정성으로 초상을 치러도 뒷말이 나올 수 있음을. 그래야 나에게 '뒷담화'하는 사람이 있어도 그러려니 할 수 있다는 것을.

술은 사람 얼굴을 붉게 하고
황금은 사람의 마음을 검게 한다

술을 마시고 나면 얼굴만 붉어지지만
돈에 대한 탐욕은 자신을 망가뜨릴 수 도 있다는 말이다.

확금자불견인(攫金者不見人)이란 말이 있다.

돈에 끌린 자는 사람이 보이지 않는다는 뜻이다. 비슷한 표현으로 축록자불견산(逐鹿者不見山)이 있다. 사슴을 쫓는 자는 산을 보지 못한다는 말이다. 이익에 눈이 먼 사람은 주변도 무시하고 도리도 저버린다는 뜻인데 언제나 욕망은 인간의 명철함을 가리게 한다.

우리 정치사에는 정치자금에 관한 '흑 역사'가 많이 있다.

무슨 무슨 리스트라는 말이 돌면서 정치인들이 검찰로 소환되고 결국 법정에서 실형을 선고받아 명예롭지 못하게 역사의 뒤안길로 사라지는 사례들이 많았다. 그들도 정치인으로 처음 무대에 섰을 때는 '멸사봉공'과 '국리민복'이란 대의를 생각했을 것이다. 그러나 검은 돈의 유혹을 뿌리치지 못한 대가는 너무나 크다.

돈은 전쟁보다도 무섭다.

한자를 보면 싸움 전(戰)자에는 창 과(戈)가 하나 들어가지만 돈 전(錢)자에는 창 과가 두 개나 들어있다. 전쟁에서는 창을 하나만 사용해도 되지만 돈을 벌기 위해서는 창이 두 개 필요하다는 의미다. 돈은 사람의 생명이 오가는 전쟁보다도 더 인간을 독하게 만든다.

그러나 옛 어른들은 돈보다 미래의 자산인 책을 더 소중하게 생각했다. 그래서 적서승금(積書勝金)이라고 가르쳤다. 책을 쌓는 게 금을 쌓는 것보다 낫다고 강조한 것이다.

우리가 정말 모으고 쌓아야 할 것은 재물이 아니라 추억과 사랑이다.

반풍수(半風水)가 집안 망친다

얕은 생각이나 어설픈 정보를 함부로 내세우다가
도리어 일을 망치는 경우를 비유적으로 이르는 말이다.

즉 '잘못 아는 것보다 모르는 것이 차라리 낫다'는 걸 강조하는 뜻이다. 비슷한 의미의 속담으로는 '선무당이 사람 잡는다'가 있다. 어설픈 앎, 어설픈 지식, 어설픈 우정, 어설픈 사랑의 결과가 그리 아름답지 않게 끝나는 것을 우리는 주변에서 종종 본다. 어설픈 대책은 집행하지 않는 것 보다 못하며 억지로 내는 결론은 차라리 시도하지 않는 것이 낫다.

빌 클린턴 전 미국 대통령은 참모들이 종종 논쟁을 벌이며 흥분하면 그는 닐 암스트롱이 1969년 달에서 가져 온 돌을 가리키며 "이

돌은 36억년에 만들어 졌답니다. 우리는 잠시 스쳐가는 목숨들일 뿐입니다. 마음 가라 앉히고 일을 해 나갑시다."라고 말하며 그 돌 덕분에 역사를 완전히 다른 관점에서 바라보게 될 수 있다고 말했 다고 한다. 장구한 역사 앞에서 인간의 모습은 늘 어설퍼 보인다. 어 설픈 지식과 행동으로 대사(大事)를 그르치지 말고 차분하고 겸손 한 마음으로 매사에 임할 일이다.

풍수와 관련한 조크 하나.

옛날 명당이 배산임수(背山臨水·산을 뒤로하고 앞으로는 물이 있는 지형)나 장풍득수(藏風得水·바람을 가두고 물을 거둔다)였다 면 요즘 명당은 '좌 전철 우 마트'라고 한다.

요즘에는 집값 비싼 지역이 최고 명당이다.

명당도 시세를 따르는 법인가 보다.

굽은 나무가 선산을 지킨다

쓸모없이 보이던 것이 오히려 나중에 제대로 된 역할을 할 때 이르는 말이다.

한때 시중에 '잘 난 아들은 나라의 아들이고 돈 잘 버는 아들은 사돈의 아들이고 빚진 아들만 내 아들이다.'라는 뼈있는 조크가 있었다. 재주가 많고 능력 있는 아들은 죄다 남의 차지가 되고 갈 곳 없는 아들만 부모 곁에 남는다는 것을 자조적으로 표현했다. 정성을 다해 뒷바라지 한 아들은 사회적인 성공을 했지만 바쁜 일정을 핑계로 부모를 찾지 않아도 오히려 부모의 기대에는 부응하지 못하고 고향에 남은 아들이 끝까지 부모 곁에 남아 돌보는 사례들을 가끔 접한다.

이 속담 본래의 뜻은 후손들이 생활이 어렵게 되면 선산의 나무도 팔게 되는데 잘생기고 곧게 선 나무는 잘 팔리지만 볼품없는 나무는 누가 사가지 않아 결국 선산에 남게 된다는 의미다. 이 외에도 겸손한 처신을 강조할 때 쓰인다. 어느 조직이건 1등은 화려하게 조명받으며 타인의 시선을 받지만 2등이나 3등은 관심밖에 있는 경우가 많다. 그러나 최후의 승자로 남는 사람들은 의외로 1등이 아니라 뒤처져 있던 사람들이 되는 결과들을 자주 본다. 왜 그럴까. 1등은 자신의 재주를 믿고 뽐내다가 중도에 낙마하기도 하지만 2등이나 3등은 쫓아가는 입장이기 때문에 항상 자신을 경계하고 주변을 살피기 때문이다.

용두사미(龍頭蛇尾)보다는 일취월장(日就月將)이 더 나은 법.

실력이란 칼은 겸손의 외피로 싸인 칼집에 있어야 비로소 진짜무기가 되는 것이다. 사람의 일이란 예측할 수 없는 법이다. 인생은 42.195km를 달리는 마라톤이기 때문에 어느 시절 화려하게 보였던 사람이 뒤처지는가하면 별로 조명 받지 못했던 사람이 나중에 주인공으로 등장할 수 있다.

굽은 나무 같더라도 잘 지켜봐야 한다.

비단 대단 곱다 해도 말같이 고운 건 없다

아무리 비단이 고와도 예쁘게 말하는 것에는 비할 수 없다는 말이다.

돈 없이도 베풀 수 있는 일곱 가지 보시(普施), 즉 무재칠시(無財七施) 중 가장 으뜸인 것은 언사시(言辭施)라고 했다. 좋은 말로 베풀라는 것이다. 우리 조상들도 소인이 친해지면 재물을 주고받지만 군자가 사귀면 아름다운 말을 오고간다고 갈파했다.

언어가 현재를 만든다.

공동체의 모든 관계에 언어의 끈들이 개입된다. 말이 없이는 관계도 없고 현실도 없다. 언어는 의식의 반영이지만 거꾸로 의식을 규정하기도 한다. 좋은 말은 사람 사이의 관계를 평등하고 민주적으로 만든다. 말이 통하는 사회, 설득이 보편적 문화가 되는 사회는 건강한 사회다. 말은 생각의 창이기도 하다. 같은 말을 반복해서 사용하면 그 말이 마침내 주문효과를 나타내기도 한다.

누군가 그랬다.
부르지 않는 노래는 전하지 않는 사랑이고, 노래가 살아 움직이는 순간은 누군가를 향해 그 노래를 부를 때라고. 말도 마찬가지다. 마음속에만 있는 말은 말이 아니다. 상대에게 전달 될 때 비로소 말이 된다.

좋은 말에는 힘이 있다.
우리는 그것을 언령(言靈)이라고 한다.

갓 마흔에 첫 버선

오래 바라던 일이 늦었지만 이루어지게 된 것을 말한다.

2002년 한·일 월드컵이 끝난 후 우리 사회에는 희망 바이러스가 넘쳐흘렀다. 우리나라와 일본에서 공동 개최한 대회였지만 우리가 그토록 당초 기대하던 16강 진출을 넘어 4강까지 가는 기적을 이룬 것이다. 당시 경기장을 가득 메운 붉은 악마 응원단들 사이에 '꿈은 이루어진다'는 하얀 대형 글씨가 새겨져 눈길을 끌었다. 월드컵이 끝난 이후에도 우리 사회 각 분야에서 '꿈은 이루어진다'는 말이 덕담처럼 자리 잡으며 희망과 자신감이 물처럼 흐르는 사회적 분위기가 조성됐다. 이루어질 수 있는 꿈을 꾸든, 이루어질 수 없는 꿈을 꾸든 꿈을 꾼다는 자체가 아름다운 일이다.

꿈은 이루기 위해 있는 것이다.

원래 꿈은 사회의 주류가 아닌 비주류의 것이라고 한다. 특권을 누리는 사람들은 다음 세대에게 위대한 꿈을 주지 못한다. 한 방송사의 가수 오디션 프로그램 심사위원을 맡았던 가수 겸 제작자 박진영은 "꿈의 크기가 가장 큰 사람을 뽑는 것이 우리의 의무"라고 말했다. 그 말은 노래를 부르는 기량이 아니라 노래를 부르고 싶은 열정, 그 길을 성취하고자 하는 마음자세가 중요하다는 의미로 해석됐다.

오랫동안 과거 공부를 하다가 불혹의 나이에 관직에 들어서 첫 버선을 신은 중년 신입 관료에게 나이가 과연 문제였을까. 그 행복감과 성취감은 우리가 상상하는 이상이었을 것이다.

꿈을 가지자. 꿈을 잃지 말자. 그러면 반드시 이룰 수 있다.

미래는 굳어있는 고체가 아니라 변형이 가능한 액체라는 사실을 잊지 말자.

곡식 산에 오르려면
먼저 거름 산에 올라야 한다

가을에 수확을 많이 하기 위해서는 봄에 밭에다가
거름을 풍성하게 주어야 하듯이 좋은 결과를 위해서는
먼저 많은 노력이 있어야 한다는 말이다.

한국 프로야구 최다인 671경기에 등판해 프로야구 최초 통산
3003이닝 투구, 유일무이한 210승, 2048탈삼진이란 불멸의 성과를
거둔 주인공인 송진우(2010년 은퇴)선수가 프로야구 최다 패(153
패)와 한경기 최다 피 홈런(4개)의 당사자라는 사실은 대단한 결과
를 얻기 위해서는 먼저 지난(至難)한 노력과 실패가 필요함을 일깨
워준다. 그는 최다 피 홈런을 허용한 경기도 9회까지 던져 결국 승
리투수가 됐다.

미국 메이저리그의 홈런왕 베이브루스는 30년 동안의 선수생활

에서 통산 714개의 홈런을 쳤다. 동시에 최다 삼진 아웃 보유자라는 기록도 남겼다. 미국의 농구 황제 마이클 조던은 "나는 9,000번 이상 실투를 했다. 300회에 가까운 경기에서 패했다. 스물여섯번이나 위닝샷(버저비터)을 놓쳤다. 평생 실패를 수없이 경험했다. 그 덕분에 성공했다"고 회고했다.

무엇이든 그냥 이뤄지는 법은 없다.
공자는 선난후획(先難後獲)을 강조했다. 노력이 먼저 있어야 결과를 얻을 수 있다는 말이다.

빛이 밝은 만큼 그림자도 깊은 법이다.

달 밝은 밤이 흐린 날만 못하다

달이 아무리 밝아봐야 그건 밤이고
낮이 흐리다고 해도 거기에 비할 수 없다는 뜻이다.

이 말은 다양하게 적용이 가능하다.

효성이 지극한 자식이 있어도 속 썩이는 남편이 그래도 낫다는 의미도 있고 아무리 착한 며느리의 수발도 성질 고약한 마누라의 지청구보다 못하다는 뜻도 있다. 요즘에는 친가보다는 처가의 힘이 더 세기 때문에 딸집에 가서는 앉아서 먹고 아들집에 가서는 서서 먹는다고 하니 아들 가진 부모 입장에서는 '달 밝은 밤'의 서러움을 느낄 만하다.

아무리 보름달이 휘영청 밝다고 한들 흐린 낮의 날씨에 비할 수는 없는 일이다. 우리의 인생도 그렇다. 화려하게 보이는 삶도 자세히 보면 다 허상이 많듯 평범한 삶을 사는 것 같아도 그건 일상의 위대함이다.

간단한 일 하나를 잘 끝내는 일은 결코 간단하지 않다.
평범한 일 하나를 잘 마무리 짓는 일도 결코 평범하지 않다.
'나의 순간'이 모여 '나의 인생'이 된다.

매사에 진지함을 가지고 삶의 보편성이라는 가치에 충실해야 한다. 제 아무리 즐거워도 서커스가 삶이 될 수는 없는 법이다.

뒤주 밑이 긁히면 밥맛이 더 난다

쌀이 떨어져간다는 생각에 밥맛이 더 좋아진다는 뜻으로
어떤 것이 없어지는 것을 보면 더 간절해진다는 의미다.

비슷한 말로 '돈 떨어지니까 입맛 돌아온다'는 표현이 있다.

일반적으로 올림픽 동메달리스트는 은메달리스트보다 만족감을
더 느낀다고 한다. 은메달리스트는 비교대상이 금메달리스트여서
상실감이 크지만, 동메달리스트는 비교대상이 메달을 따지 못하는
사람이기 때문에 안도감이 크다는 것이다. 은메달리스트는 '아 조
금만 더'라고 안타까운 생각을 하지만 동메달리스트는 '하마터면'
이라고 가슴을 쓸어내린다는 얘기다.

쌀독이 곧 비워질 것이란 절박감이 밥맛을 더하는 것처럼 내가 4

등이 될 뻔했다는 그 마음에 지금의 3등이 대단히 큰 행복함으로 오는 것이다. 심리학적 측면에서는 전형적인 '상황 프레임'이다. 사람의 행동은 처한 상황에 의해 결정된다는 의미인데 인간이 느끼는 '행복'의 감정이 여기에 영향을 받는다.

주변 상황이 풍부하면 아쉬운 마음이 없고 절박한 생각도 들지 않는다. 그러나 어떤 것이 사라져갈 무렵 그게 점점 눈에 들어오면서 애착심이 들게 된다. 쌀 독 긁히는 소리가 들릴 때는 더 이상 풍성할 수 없다는 마음에 밥맛은 좋아지겠지만 일상의 평정심이 사라진다.

든 자리보다는 난 자리가 더 커 보이는 법.
그러니까 '있을 때 잘하자' '평소에 누리면서 감사하자.'

마음이 천리면 지척도 천리라

마음이 멀어지게 되면 가까운데 있는 사람도 멀게만 느껴진다는 뜻이다.

최근 우리 사회에서 사라지는 것 중의 하나가 '대면 교류'이다.

얼굴을 마주대고 하는 많은 일들이 사라지고 그 자리를 대신하는 게 '비대면 교류'이다. 시중에는 '부부가 한 침대에서도 대화 대신에 서로 카톡을 한다.'는 웃지 못할 얘기도 있다. 많은 사람들이 만남 대신에 전화, 이메일, 문자, 메신저, 소셜 네트워크 서비스(SNS) 등을 활용해 소통한다. 첨단시대, 더욱 개인화 돼가는 게 시대의 추세인 만큼 이런 현상들이 확산되는 것은 어쩔 수 없다고 하더라도 '대화의 소멸'은 결코 가볍게 볼 일이 아니다.

여성가족부의 가족실태조사(2015)에 따르면 부부간의 하루 대화 시간이 1시간 미만이라고 응답한 부부가 2005년 54.9%에서 2015년 65.4%로 10% 이상 늘었다. 같은 기간 하루 종일 전혀 대화하지 않는다고 응답한 비율도 1.4%에서 1.7%로 증가했다. 아무리 맞벌이 부부가 시대적 현상이라고 해도 세상에서 가장 가까워야 할 부부간의 대화가 하루 종일 전혀 없거나 1시간미만이 60%를 넘는다는 건 우려스러운 현상이다.

대화의 강점은 '정서적 공감'에 있다.

문자나 이메일 등은 서로간의 감정이나 표정 등을 전혀 알지 못한

채 '언어적인 내용'만을 담고 있지만 마주보는 대화에는 서로의 미세한 부분까지도 공유할 수 있다. 대화가 진지하고 무겁게 느껴진다면 가벼운 잡담이나 수다로 시작하는 것도 좋은 방법이다. 수다가 여성들의 전유물로 인식되는 것은 남녀 간의 특성 때문이다. 여성은 만남 자체만으로도 대화의 소재를 삼을 수 있지만 남성들은 모든 것을 목적 지향적으로 접근하기 때문이다. 남성들도 이제는 '대화의 엄숙성'에서 탈피해 '가벼운 대화'에 익숙해져야 할 때다.

모션(motion · 행동)이 이모션(emition · 감정)을 좌우한다.

일부러 젊게 행동하면 마음까지 젊어지는 것과 마찬가지다. 대화가 음성언어를 매개로 사람과 만나 교류하는 폭넓은 사회활동이라면 수다는 개인의 정서적 공감에 집중하는 대화의 한 형식이다. 통신의 편리함이 교류의 총량은 늘려놨지만 애틋함과 교감정서는 잃어버리게 했다. '옆에 있어도 네가 그리워야지' '옆에 있어도 없는 것과 같다'면 저 멀리 떨어져 있는 것과 무엇이 다를까.

마음이 가까우면 서로의 인생이 행복하다.

끝이 부러진 송곳이다

가장 중요한 부분이 망가져서 쓸모가 없게 된 것을 이르는 말이다.

스티브 블래스 신드롬이란 야구용어가 있다.

1972년 피츠버그 파이어리츠 소속으로 메이저리그에서 19승을 거둔 대단한 투수였던 스티브 블래스가 이듬해 갑자기 스트라이크를 던지지 못했다. 88이닝에 볼넷이 84개나 됐다. 결국 마이너리그를 왕복하다 1승도 거두지 못한 채 은퇴했다. 그처럼 설명할 수 없는 이유로 스트라이크를 던지지 못하는 것은 '스티브 블래스 증후군'이라고 한다.

스트라이크를 던지지 못하는 선수가 택할 수 있는 길은 두 가지다. 스트라이크가 될 때까지 던지거나 아니면 투수를 그만두는 것이다. 스트라이크를 던지지 못하는 투수는 더 이상 투수가 아니다.

2017년 8월 회고록을 출간한 이회창 전 한나라당총재 앞에는 '비운의 보수정치인'이란 수식어가 붙는다. 김영삼 전 대통령에게 발탁돼 정계에 입문한 후 '대쪽'이라는 이미지를 가지고 세 번이나 대선에 나섰지만 그 중 두 번은 김대중 전 대통령과 노무현 전 대통령에게 각각 간발의 차로 석패했고 2007년에는 '정통보수'를 내걸고 마지막 도전에 나섰지만 결국 실패했다. 그는 정치인생에서 두 번의 결정적인 순간 시대의 부름을 받지 못한 것이다. 보수진영에서 인기가 높았지만 세 번이나 선택받지 못한 대선 후보, 이제는 역사의 뒤안길로 사라진 정치인.

안타깝지만 끝이 부러진 송곳이다.

물은 흘러도 여울은 여울대로 있다

세상은 많은 것이 변하기 마련이지만 변하지 않는 것도 있다는 말이다.

사라진 것들은 사라질 것들의 운명을 기어코 보여준다.

그런 점에서 그러려니 살아진다는 말은 적절하다. 어떤 것은 지나
가고 어떤 것은 묻어두며 어떤 것은 잊힌 채로 우리는 그렇게 살아
갈 것이다.

이 속담은 세상만사 모든 것이 다 변하고 사라지는 것 같아도 그
냥 남아 있는 것과 변하지 않는 것도 있으니 평정심을 잃지 말고 살
아가라는 경구다. 소풍간다고 전부 보물 찾는 것 아니고 장대비 쏟
아진다고 다 옷 젖는 건 아니다. 세상은 그러면서 흘러간다.

슬픔이 그대의 삶으로 밀려와 마음을 흔들고
소중한 것들을 쓸어갈 버릴 때면
그대 가슴에 대고 말하라.
이것 또한 지나가리라.

행운이 없는 그대에게 미소 짓고 기쁨과 환희로 가득할 때
근심 없는 날들이 스쳐갈 때면
세속적인 것들에만 의존하지 않도록
이 진실을 소중히 가슴에 새기라.
이것 또한 지나가리라.

(랜터 윌슨 스미스(Lanta Wilson Smith) 시 〈이것 또한 지나가리라〉)

재주 다 배우고 나니 눈이 어둡다

오랫동안 애써서 노력해 결실을 맺기는 했으나 막상 써보지는 못하고
결국은 헛수고가 된 상태를 비유적으로 이르는 말이다.

사자성어로는 기성안혼(技成眼昏)이다.
골프 용어에 이런 말이 있다.
'몸에서 힘 빼는 법을 알 때 은퇴 한다.'

삶에는 양면성이 있다.

젊은 시절 앞만 보고 달릴 때에는 주변이 보이지 않는다. 출세를
향한 욕망, 그리고 자신의 꿈이 뒤엉킨 눈앞에는 오직 질주만이 있
을 뿐이다. 그러나 욕망은 다 채워지지 않는 법. 불혹(不惑)의 나이
가 가고 지천명(知天命)을 넘어서고 나면 그때 비로소 보이지 않던

것들이 눈에 들어오기 시작한다. 가진 것도 같고 뭔가 이룬 듯도 싶은데 정작 내 것은 없어 보인다. 이제 와서 내 것을 만들려고 하니 몸도 쉽게 따르지 않고 주변의 여건과 상황도 녹록하지 않다. 재주 다 배웠는데 눈이 어두운 상황이다.

꽃이 피는 것도 '벌써'가 있고 '한창'이 있고 '아직'이 있듯이 인생도 그렇다. 내 인생의 '한창'에서 그때까지 배운 재주를 사용하자. '한창'이 지나고 나면 회한만 남는다. 재주 다 배우고 나서 나중에 사용하려고 하면 그때는 막상 쓸 힘과 기회도 없다. 배운 대로, 아는 대로, 쓰고 싶은 대로 바로 시작하자.

하루살이의 천적은 무엇일까. 바로 시간이다.
따지고 보면 시간은 세상 모든 만물의 천적인 것 같다.

사람과 산은 멀리서 보는 게 낫다

가까이에서 보면 장점보다는
결점이 더 많이 보이게 된다는 것을 이르는 말이다.

숲을 보려고 그 안에 들어가면 정작 숲은 보이지 않고 빽빽하게 들어선 나무만 보이게 된다. 산을 보려면 조금 떨어져서 봐야 제대로 그 산의 형태를 알게 된다. 요즘에는 드론 촬영이 쉬워 과거에는 방송사 카메라에만 잡히던 산의 전경이 개인도 손쉽게 볼 수 있는 시대가 됐다.

사람도 마찬가지다.

너무 바짝 다가서면 결점이 드러나 보여 실망하는 일이 생기기도 한다. 그림을 감상할 때처럼 약간 거리를 두고 대하는 것이 오래 보는 비결일 수도 있다. 100m 미남 혹은 100m 미인이라는 말이 있다. 100m의 거리를 두고 보았을 때는 흠잡을 데 없어 가슴 설레지만 막상 가까이에서 보니 호감이 사라진다는 말이다. 사실 이 속담은 인생의 큰 지혜다. 무엇이든 적당한 이격거리가 혹시 받을 수 있는 상처를 예방한다고 알려준다. 가까운 사이일수록, 함께 지내는 시간이 오랠수록 서로에 대한 오해가 많아 질 수 있다.

이런 점에서 그리스 신화에 나오는 이카로스의 날개는 많은 시사점이 있다. 밀 납으로 만든 이카로스의 날개는 너무 높게 날면 태양에 의해 녹고, 너무 낮게 날면 바다의 습도 때문에 날개가 무거워져 항상 중간으로 날아야 하는데 이카로스는 너무 높게 날다가 날개가 녹아 바다에 떨어져 죽고 말았다는 얘기다.

매사 적당한 거리와 평정심, 그리고 기대감은 우리를 설레게 한다. 기다림의 미학은 아직 미정인 상태의 수많은 가능성에 대한 기대와 설렘으로 이루어진다. 그래서 기다림은 희망이다.

'기다리는 사람에게 오는 모든 소리는 그의 가슴에 쿵쾅 거린다.' (황지우 시 〈너를 기다리는 동안〉)

눈물은 내려가도 숟가락은 올라 간다

아무리 힘든 상황이라도 사람은 살기 위한 본능이 있다는 뜻이다.

거자일소(去者日疎)라는 말이 있다.

떠난 자는 나날이 멀어진다는 얘기다.

'떠난 자'는 죽은 사람을 말하기도 하고 이별한 사람을 말하기도 한다. 애간장이 끊어지는 슬픈 사별을 했더라도 죽은 자는 날이 갈수록 차차 잊히게 마련이며, 아무리 서글픈 이별을 한 사람이라도 일단 헤어지면 차츰차츰 멀어진다는 의미다. 미국 심리학자 스탠리 밀그램(Stanley Milgram)은 인간의 행동은 그가 어떤 사람이냐에 달렸다기보다 그가 어떤 상황에 처하느냐에 따라 결정된다고 했다.

사랑이 아무리 집요해도 그것이 스러진 뒤에는 그 자리에 오는 다른 사랑에 의해 완전히 배척당한다. 그것이 사랑이라는 자리가 가지는 배타적인 속성이다. 운명적이었다고 생각한 사랑이 흔한 해프닝에 지나지 않음을 깨달았을 때 사람들은 당연히 사랑에 대한 냉소를 갖게 된다. 사랑은 냉소에 의해 불붙여지며 그 냉소의 원인이 된 배신에 의해 완성된다. (은희경 · 〈새의 선물〉)

그렇다. 죽을 것 같이 힘들 일도 지나고 나면 그뿐일 것을.
왜냐하면 삶은 계속 되어야 하기 때문이다.
'밥만 잘 먹더라'는 어떤 노래가사처럼.

누구에게나 일상을 견디는 일은 쉽고도 어려운 일이다.
'회한'은 이런 견딤의 다른 이름일지도 모른다.
'사람'은 바뀔 수 있지만 사랑에 있어 결코 변하지 않는 것은 '사랑을 사랑하는 일'이다.

사랑,
'참 반가우면서도 두려운 손님'이다.
그 손님이 날 울게 할지도 모르기 때문에.

화분에서 만년 송을 키울 수 없고
뜰에서 천리마를 키울 수 없다

세상 모든 것은 그에 걸 맞는 자리가 따로 있다는 의미다.

    자연산 물고기가 양식 물고기보다 비싼 것은 신선도나 희소가치 등 여러 이유가 있겠지만 제한된 공간에서 사료 먹고 성장한 물고 기보다 넓은 바다를 헤치며 제 스스로 성장했기 때문에 값을 더 쳐 주는 것이라고 본다.

    화분에서 커야 하는 것은 큰 소나무가 아니라 화초고, 좁은 마당 에서는 천리마가 강아지처럼 뛰어 다닐 수 없다. 우리는 살면서 '그 릇의 크기'를 이야기 한다. 사람을 그릇의 크기에 비유하는 것은 사 람의 생각 폭 만큼 세상을 품는다고 여기기 때문이다. 생각의 크기가 사람의 크기라는 것이다. 또 그릇이란 그 사람의 품성을 의미하기도 한다. 냉철한 이성의 머리를 가지고 뜨거운 감성의 마음 자세로 세상을 대하는 사람이 진정 대인배의 풍모고 '큰 그릇'이다.

옛 어른들이 '사람은 나면 서울로 보내고 말은 제주도로 보내라'고 한 것은 서울이 출세하기 좋아서였다기보다 보고 배울 것이 많은 대처(大處)라고 여겼기 때문일 것이다. 큰 곳에서 자라다보면 큰 나무가 되지 않을까 하는 희망의 소산이었으리라고 생각된다.

광야로
내보낸 자식은
콩 나무가 되었고

온실로
들여보낸 자식은
콩나물이 되었고

(정채봉 시 〈처음의 마음으로 돌아가라〉)

죽어 석잔 술이 살아 한잔 술만 못하다

아무리 사후(死後)가 화려하다 해도
살아 있을 때 즐기는 것이 좋다는 의미다.

'개똥밭에 굴러도 이승이 좋다'라는 말이 있다.

아무리 저승이 좋다고 해도 개똥 냄새나는 곳이지만 살아 있는 게 낫다는 의미다. 비슷한 유행가 가사로는 '있을 때 잘해'라는 말도 있다. 떠나고 나면 아무것도 아니다. 그저 그 뿐인 것을. 그래서 우리는 늙음을 받아들이기 싫어했고 늘 남의 것으로 인식해 왔다. 그러나 어쩌겠는가. 누구나 늙어감이 시작되는 순간, 앞으로 진행만이 있을 뿐 돌이킬 수는 없다.

청년은 미래를 말하고, 중년은 현재를 말하고, 노인은 왕년을 말

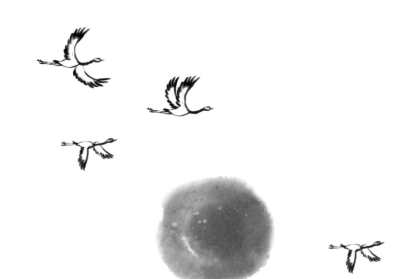

한다는 얘기가 있다.

　최근 우리 사회에서는 '꼰대' '아재'라는 단어들이 자주 등장하고 있다. '아재개그'라는 신조어까지 나타났다. '요즘 젊은 것들은 버릇이 없다'는 말은 이집트 피라미드 벽화에도 새겨져 있다는 믿거나 말거나 식의 얘기가 있듯이 '요즘 젊은 것들'이란 말을 자주쓰느냐 여부가 젊음과 꼰대의 경계일 수 있겠다.

　꼰대소리 듣지 않는 방법은 그리 어렵지 않다.

　내가 타인에게 대접받거나 존중받아야 한다는 생각을 버리고 후배나 약자를 권위적으로 대하지 말고 내말보다 상대방의 말을 더많이 듣고 공감해주면 된다. 고맙다와 수고했다는 말을 많이 해주고 상대방을 칭찬하는데 인색하지 말며 반박하기 보다는 공감을 표시한다면 상대의 반응이 달라질 것이다. 그리고 젊은 세대의 언어와 그들의 문화에 관심을 가지고 어떤 일이라도 솔선수범한다면 후배들이 그저 '젊은 것들'이 아니라 '새로운 동료'로서 다가올 것이다. 그렇게 되면 '한잔 술'이 아니고 '친구들과 나누는 술'이 되는 즐거운 술자리가 될 수 있다.

2016년 개봉된 '70살 인턴'과 '30살 최고경영자'가 소통하는 영화 〈인턴〉은 잔잔한 울림을 줬다. 주인공인 '70살 인턴(로버트 드 니로)'은 시종일관 웃는 얼굴로 상대를 기분 나쁘지 않게 배려하며 눈높이를 맞춰 나가는 '경청의 힘'을 보여준다. 늙어감이란 인생 3부작의 시작이다.

인생이란 올라갈 때 강건해지고 내려올 때는 현명해지는 법이다.
'내려갈 때 보았네 올라갈 때 보지 못한 그 꽃'
(고은 시 〈그 꽃〉)

가을볕에는 딸을 내보내고
봄볕에는 며느리를 내보낸다

봄볕은 한여름 햇살보다도 자외선이 강해 피부가 상할 수 있어
딸보다는 며느리를 내보낸다는 의미다.

봄에 내리쬐는 볕은 가을 햇볕보다 자외선이 훨씬 강해 그로인한
피부손상이 클 수밖에 없다. 오죽하면 봄볕에 타면 님도 몰라본다
는 말까지 있을까.

기출(己出)은 자기가 낳은 자식을 뜻한다.

부모 입장에서는 딸은 기출이고 며느리는 기출이 아닌 만큼, 딸을
며느리보다 더 소중히 생각할 수 있다. 비슷한 속담으로 여름 불은
며느리가 때게 하고 겨울 불은 딸이 때게 한다는 말이 있다. 그러나
역지사지(易地思之) 해보자. 딸은 자기 슬하에 있을 때 소중하지 출

가하고 나면 남의 집 며느리가 된다. 자신들을 돌 봐주는 것은 '봄볕에 내몬' 며느리가 다 할 수밖에 없다.

그러나 이 속담도 이제는 시대적인 명운을 다했다.

사실상 농경사회가 해체되고 농사는 기계와 어르신들이 다 짓는 현실에서 밭에 내보낼 딸도 며느리도 없는 시대다. 이제 더 큰 문제는 딸과 며느리의 노동이 아니라 손자를 만나는 출산이다. 통계청이 발표한 인구자료에 따르면 지금 같은 추세가 이어지면 2017년 연간 출생아 수는 사상 처음으로 40만 명 아래로 떨어진다고 한다. 한해 대한민국에서 태어나는 전체 신생아가 40만 명이라니 정말 암담한 숫자다. 이제 대한민국 전체가 나서 출산율 문제에 정말 심각하게 고민해야 될 때가 왔다.

봄볕과 가을 볕 다 어른들이 쬘 테니 딸과 며느리들에게는 제발 손자만 낳아달라고 하소연하는 시대가 됐다. 하긴 고령화 추세로 인해 결국 밭에 나설 사람도 어르신들밖에 없는 현실이다.

풍년거지 더 서럽다

남들은 풍요로운 수확의 기쁨을 누리면서
잘 먹는 풍년에 거지만 곤궁하게 더욱 서럽다는 뜻으로
경제학 용어로는 상대적 빈곤을 의미한다.

상대적 빈곤은 물건이 부족해서가 아니라 부족하다고 느끼는 상태를 말한다. 즉 생활수준이 상대보다도 확연하게 드러날 정도로 나쁘지 않더라도 주관적으로 체감하는 심리상태를 의미하는 것이다. 다름 사람들이 가지고 있는 것이 더 크게 느껴지고 자신이 가진 것은 왠지 볼품없게 느껴지면 우울함은 더욱 심해진다.

우리가 쉽게 쓰는 말에도 '배고픈 것은 참아도 배 아픈 것은 참기 어렵다'는 표현이 있다. 나와 남이 다 같이 어렵거나 손실을 보면 내 손해가 크게 보이지 않지만 남들이 이득을 낼 때 나만 손해 본다면 그 규모가 작더라도 더 뼈아픈 것이다. 자신의 경제적 여건은 달라지지 않았지만 주변 사람들이 이전보다 훨씬 더 잘살게 되면 거기에서 발생하는 심리적 갈등은 대단히 크다.

이런 점에서 '나눔의 미학'이 가지는 의미를 되새길 필요가 있다. 어떤 것을 나눌 때 그것의 총량은 작아질 수 있지만 나눔으로서 주는 사람이나 받는 사람 모두의 심리적인 행복감은 더 커진다.

권력도 마찬가지다.
권력분립은 권력협력을 낳고 권력분산은 권력협조를 낳는다. 나눔이라는 아름다운 행위의 선순환이다. 배고픔보다도 수확을 나누지 못하는 상대적 빈곤감에 인간은 더욱 고통을 느낀다. 삶을 함께하는 모든 사람들이 서러움과 상실감을 느끼지 않도록 배려하는 것이 공동체의 정신이다.

수확의 계절이다.
아무리 좋은 대책이나 선행도 타이밍을 놓치면 다 녹은 아이스크림에 불과하다. 우리 주변에 배고픔과 박탈감으로 인해 힘든 사람은 없는지 한번 둘러볼 때다.

안방에 가면 시어미가 옳고
부엌에 가면 며느리가 옳다

양쪽의 말이 다 옳아 시비를 가리기 어렵다는 뜻이지만
결론을 내리지 못하고 갈팡질팡하는 모습을 의미하기도 한다.

비슷한 표현으로는 '방에서는 매부 말이 옳고 부엌에 가면 누이 말이 옳다'가 있다. 조선조의 명재상으로 꼽혔던 황희 정승의 일화도 이 속담에 적용된다. 황 정승이 집에 오니 서로 싸우던 계집종들이 서로 자기가 옳다고 주장하자 황희는 '네 말도 옳고 네 말도 옳다'고 정리했다. 그러자 부인이 '시비를 분명히 가려줘야지 둘 다 옳다고 하면 어떻게 하느냐'고 질책하자 '당신 말도 옳다'고 했다고 한다. 황희의 이 같은 태도는 술에 술탄 듯, 물에 물 탄 듯한 행동으로 여겨질 수 있지만 다 각자의 입장을 존중해준 합리적인 태도로 이해될 수 있다.

일상에서 발생하는 일이란 칼로 두부 자르듯이 명쾌하게 시시비비를 가릴 수 없는 상황들이다. 그것을 정리하겠다고 나섰다가 양쪽으로부터 다 원망을 듣게 되지 말라는 법도 없다. 법조항을 적용해 잘잘못을 가리는 재판에서조차 불복하는 일도 생기는데 살아가면서 생활에서 불거진 일의 처사란 더욱 신중하게 처리해야 한다.

법은 공정할 뿐 아니라 공정하게 보이는 게 더 중요하다.
감정의 파동은 이성의 판단보다 치명적이기 때문이다. 요즘 같아서는 노후를 생각하면 시어미의 편을 자주 들어주고 아들의 입장을 생각하면 며느리에게 가끔 힘을 실어주면 된다.

시어미와 며느리의 갈등이란 기실 따져보면 어떤 현상에 대한 부딪힘이라기보다 서로가 평소 상대에게 가졌던 감정의 골만큼 나타나는 경우가 많다. 그걸 잘 헤아리는 게 시아버지의 현명한 자세다.

사랑은 첫사랑이 뜨겁고
추위는 첫추위가 춥다

모든 일에서는 처음이 의미가 가장 크다는 뜻이다.

누군가 말했다.

모든 사랑은 첫사랑이다. 언제나 사람은 매번 새로운 사랑을 한다. 그것이 열 번째 스무 번째라고 하더라도 첫 번째 하는 사랑처럼 설레고 서툴고 가슴 뛰는 것 아닐까.

'처음'이라는 말 속엔 '설렘'이라는 뜻이 숨어있다.

설레기 때문에 무슨 일이든 처음에 가장 열과 성을 다하게 되는 법이다. 우리가 '초지일관'을 좋은 덕목으로 여기고 '초심'을 강조하는 것도 처음의 각오와 자세를 유지하기가 그만큼 어렵기 때문이다. 첫 추위가 가장 춥게 느껴지는 것은 이제부터 당분간 추위와 싸워야 한다는 신호이기 때문이다. 처음에는 '설렘'도 있지만 '두려움'도 함께 공존한다. 그것은 많이 설레기도 하지만 끝까지 잘 할 수 있을까 걱정되는 양가성의 감정이다.

그러나 누구에게라도 언제나 '처음'은 희망이고 의욕이며 가슴 벅찬 감정이란 것은 분명하다. 그런 점에서 '첫'의 품사는 관형사가 아니라 감탄사다.

다만 사랑은, '처음'의 마음보다 시간의 시험을 통과한 뒤에야 비로소 사랑이라는 본래의 이름을 얻는다고 한다. 사랑은 '그렇기 때문에'가 아니라 '그래도' '그럼에도 불구하고'가 다시 한 번 작용하는 순간에 지속되는 감정이기 때문이다.

그게 사랑의 본질이고 사랑의 힘이다.